Chapitre 1 : Introduction des Personnages

- Présentation de l'entrepreneur, Jean Dupont, propriétaire d'une petite entreprise en difficulté.
- Introduction de l'huissier, M. Lemoine, connu pour sa rigueur.

Chapitre 2 : Premiers Signes de Problèmes

- Jean reçoit une première lettre de relance pour des factures impayées.
- Anxiété croissante de Jean.

Chapitre 3 : La Visite Inattendue

- Première visite de l'huissier à l'entreprise de Jean.
- Discussion tendue et avertissement de M. Lemoine.

Chapitre 4 : Impact sur la Vie Personnelle

- Impact du stress sur la vie de famille de Jean.
- Difficultés financières et tensions à la maison.

Chapitre 5 : Tentatives de Négociation

- Jean essaie de négocier un délai avec ses créanciers.
- Réaction négative des créanciers et de M. Lemoine.

Chapitre 6 : La Descente aux Enfers

- Augmentation des visites de l'huissier et des menaces.
- Jean commence à perdre espoir.

Chapitre 7 : Soutien et Solidarité

- Jean reçoit du soutien de ses amis et collègues.

- Un avocat propose son aide gratuitement.

Chapitre 8 : Le Plan de Sauvetage

- Mise en place d'un plan de restructuration financière.

- M. Lemoine reste inflexible.

Chapitre 9 : La Confrontation

- Confrontation directe entre Jean et M. Lemoine.

- Escalade des tensions.

Chapitre 10 : Impact Psychologique

- Jean commence à montrer des signes de dépression.

- Sa famille s'inquiète de plus en plus.

Chapitre 11 : La Menace de la Saisie

- M. Lemoine menace de saisir les biens de l'entreprise.

- Jean tente désespérément de trouver une solution.

Chapitre 12 : L'Ultimatum

- Ultimatum de l'huissier pour le paiement de la dette.

- Jean explore des solutions extrêmes.

Chapitre 13 : L'Effondrement

- L'entreprise de Jean est saisie.

- Jean perd tout ce qu'il a construit.

Chapitre 14 : Conséquences Légales

- Jean fait face à des poursuites judiciaires.

- Lutte pour garder sa dignité et son intégrité.

Chapitre 15 : L'Espoir Perdu

- Jean se retrouve sans abri.

- Réflexions sur ses erreurs et ses choix.

Chapitre 16 : Un Nouveau Départ

- Jean trouve un emploi modeste.

- Commence à reconstruire sa vie.

Chapitre 17 : Retour à la Réalité

- M. Lemoine continue de harceler Jean même après la saisie.

- Jean trouve des moyens de résister.

Chapitre 18 : La Contre-Attaque

- Jean décide de se battre légalement contre l'huissier.

- Mobilisation de la communauté en soutien à Jean.

Chapitre 19 : Le Combat Juridique

- Jean et son avocat préparent leur défense.

- Premières audiences au tribunal.

Chapitre 20 : La Défaite Apparente

- Première décision du tribunal en faveur de l'huissier.

- Jean ne perd pas espoir et fait appel.

-

Chapitre 21 : La Révélation

- Découverte de pratiques douteuses de M. Lemoine.

- Nouveaux éléments de preuve.

Chapitre 22 : La Victoire Morale

- Jean remporte une victoire morale en révélant la vérité.

- Le soutien public grandit.

Chapitre 23 : La Reconnaissance

- Jean commence à être reconnu pour son courage.

- M. Lemoine est mis sous enquête.

Chapitre 24 : La Justice Triomphe

- Le tribunal rend une décision finale en faveur de Jean.

- M. Lemoine est tenu responsable de ses actions.

Chapitre 25 : L'Après-Harcèlement

- Jean reconstruit sa vie et son entreprise.

- Réflexions sur le parcours et les leçons apprises.

Chapitre 1 : Introduction des Personnages

- Présentation de l'entrepreneur, Jean Dupont, propriétaire d'une petite entreprise en difficulté.

- Introduction de l'huissier, M. Lemoine, connu pour sa rigueur.

- Jean Dupont était un homme d'une quarantaine d'années, au regard vif mais fatigué, portant les marques de nombreuses nuits sans sommeil. Il avait grandi dans une petite ville de province, où il avait appris la valeur du travail acharné en aidant ses parents dans leur petite épicerie. Ambitieux et déterminé, Jean avait décidé de suivre sa propre voie en créant une entreprise spécialisée dans les énergies renouvelables, un domaine qu'il trouvait à la fois prometteur et essentiel pour l'avenir.

- Sa société, EcoVert, avait démarré modestement mais avait connu un succès initial grâce à l'innovation et à la qualité de ses services. Jean avait embauché une équipe dévouée et investi tout son temps et ses économies dans cette entreprise qui représentait son rêve et sa vision d'un monde meilleur. Toutefois, les dernières années avaient été marquées par des défis imprévus : des retards dans les paiements des clients, une concurrence féroce, et surtout, une série de mauvais investissements qui avaient plongé EcoVert dans une situation financière précaire.

- Les difficultés financières de Jean n'étaient pas un secret. Chaque jour, il luttait pour maintenir l'entreprise à flot, jonglant avec les factures, essayant de convaincre les créanciers de lui accorder plus de temps. Ses nuits étaient remplies de cauchemars où il voyait son rêve s'effondrer, sa maison saisie, sa famille plongée dans la ruine. Malgré tout, il conservait une lueur d'espoir, convaincu qu'il pourrait redresser la situation s'il trouvait le bon partenaire ou obtenait le bon contrat.

- C'est dans ce contexte difficile que l'huissier, M. Lemoine, fit son apparition. M. Lemoine était un homme d'une cinquantaine d'années, avec une allure sévère et une réputation de rigueur implacable. Il avait passé plus de vingt ans dans le métier, connu pour son professionnalisme et son inflexibilité. Il voyait son travail comme une mission de maintien de l'ordre financier, sans place pour la compassion ou la compréhension des circonstances individuelles.

- M. Lemoine avait entendu parler de Jean Dupont bien avant leur première rencontre. Pour lui, Jean n'était qu'un autre dossier, une série de chiffres et de dettes à récupérer. Lorsqu'il reçut l'ordre de mission pour EcoVert, il se prépara comme à son habitude, en étudiant méticuleusement les détails financiers de l'entreprise. Il connaissait chaque facture impayée, chaque délai dépassé. Pour M. Lemoine, cette affaire était simple : il devait recouvrer les sommes dues, peu importaient les raisons derrière les retards de paiement.

- Le jour de leur première rencontre, Jean était nerveux. Il savait que l'arrivée de l'huissier marquait une étape cruciale, peut-être décisive, dans la lutte pour la survie de son entreprise. Il avait essayé de préparer des arguments, des justifications, mais il sentait que cela ne suffirait pas face à la froide efficacité de M. Lemoine.

- M. Lemoine arriva au bureau de Jean avec une ponctualité militaire. Son regard perçant scruta chaque détail de l'environnement, cherchant des signes de mauvaise gestion ou de négligence. Jean l'accueillit avec une poignée de main ferme mais tremblante, tentant de masquer son anxiété.

- « Monsieur Dupont, je suis ici pour discuter de vos obligations financières », commença M. Lemoine, sans préambule.

- Jean prit une profonde inspiration et répondit : « Oui, je comprends. Permettez-moi de vous expliquer la situation... »

- Le ton était donné. D'un côté, un entrepreneur désespéré mais déterminé à sauver son rêve ; de l'autre, un huissier rigoureux et inflexible, prêt à tout pour récupérer les dettes. Ce premier échange marquait le début d'une confrontation

qui allait bouleverser la vie de Jean Dupont et tester ses
limites comme jamais auparavant.

Chapitre 2 : Premiers Signes de Problèmes

- Jean reçoit une première lettre de relance pour des factures impayées.

- Anxiété croissante de Jean.

- Jean Dupont se souvenait encore du jour où il avait reçu la première lettre de relance. C'était un matin gris de novembre, et la pluie battait contre les vitres de son bureau, comme un présage funeste. Assis à son bureau encombré de dossiers, il essayait de se concentrer sur une proposition importante pour un potentiel client, espérant que ce contrat pourrait marquer le début d'un redressement pour EcoVert.

- La secrétaire de Jean, Claire, frappa doucement à la porte avant d'entrer, une enveloppe blanche à la main. « Monsieur Dupont, vous avez reçu ceci ce matin », dit-elle en tendant la lettre.

- Jean sentit une boule d'angoisse se former dans son estomac. Depuis quelques mois, il avait pris l'habitude de redouter chaque nouveau courrier, sachant qu'il pouvait apporter de mauvaises nouvelles. Il prit l'enveloppe et la regarda un instant avant de l'ouvrir. Les mots imprimés en gras en haut de la page confirmèrent ses craintes : « Relance pour Factures Impayées ».

- Il parcourut rapidement la lettre, son cœur battant de plus en plus fort. Il s'agissait d'une somme importante, due depuis plusieurs mois à l'un de ses principaux fournisseurs. Le ton de la lettre était sans équivoque : sans règlement rapide, des mesures légales seraient prises. Jean ferma les yeux un instant, essayant de rassembler ses pensées.

- Le reste de la journée fut marqué par une série d'appels téléphoniques infructueux. Jean contacta le fournisseur, tentant de négocier un délai supplémentaire. Malheureusement, ses tentatives de conciliation furent vaines. « Nous avons déjà été trop patients, Monsieur Dupont. Nous ne pouvons plus attendre », fut la réponse ferme qu'il reçut.

- Cette première lettre de relance marqua le début d'une spirale descendante pour Jean. Les semaines qui suivirent virent l'arrivée de plusieurs autres courriers similaires. Chaque nouveau pli apportait une nouvelle vague d'anxiété, chaque relance ajoutant un poids supplémentaire sur ses épaules déjà courbées par le stress. Les nuits de Jean devinrent de plus en plus courtes et agitées, hantées par des cauchemars où il voyait son entreprise s'effondrer, ses employés sans emploi, et sa famille plongée dans la ruine.
- Jean essayait de cacher son anxiété à ses proches, mais les signes étaient de plus en plus évidents. Sa femme, Marie, remarqua rapidement les changements : les traits tirés, les cernes sous les yeux, l'irritabilité croissante. Un soir, alors qu'ils étaient assis à table, elle posa doucement sa main sur la sienne. « Jean, qu'est-ce qui ne va pas ? Tu sembles tellement préoccupé ces derniers temps. »
- Jean hésita, cherchant les mots justes. Il ne voulait pas l'inquiéter davantage, mais il savait qu'il ne pouvait plus cacher la vérité. « Marie, l'entreprise traverse une période très difficile. Les créanciers deviennent de plus en plus insistants, et je ne sais pas combien de temps nous pourrons encore tenir. »
- Marie serra sa main, essayant de lui offrir un réconfort. « Nous sommes ensemble dans cette épreuve, Jean. Tu n'es pas seul. »
- Les jours passaient, et la situation de Jean continuait de se détériorer. Les relances se transformèrent en menaces plus explicites, évoquant la possibilité de poursuites judiciaires et de saisies. Jean passait de plus en plus de temps à essayer de trouver des solutions, rencontrant des conseillers financiers, explorant des options de financement, mais chaque tentative semblait vouée à l'échec.
- L'anxiété de Jean atteignit son paroxysme lorsque Claire entra à nouveau dans son bureau, portant cette fois une lettre recommandée. Jean signa pour la réception, le cœur battant à tout rompre. Il savait que cette lettre était différente des autres. Il l'ouvrit lentement, ses mains

tremblantes. Les mots imprimés sur le papier glacé étaient encore plus menaçants : « Avis de Passage d'Huissier ».

- C'était officiel. M. Lemoine, l'huissier redouté, avait été mandaté pour recouvrer les dettes d'EcoVert. Jean sentit un vertige l'envahir, ses pensées se brouillant sous l'effet de la panique. Il savait que le temps jouait contre lui. L'ombre de l'huissier planait désormais sur son entreprise, et la lutte pour sauver EcoVert venait de prendre un tournant dramatique.

- Jean se redressa dans son fauteuil, prenant une profonde inspiration. Malgré la peur et l'angoisse qui le rongeaient, il savait qu'il devait continuer à se battre. Pour son entreprise, pour ses employés, pour sa famille. La confrontation avec M. Lemoine serait difficile, mais il n'avait pas d'autre choix que de faire face.

Chapitre 3 : La Visite Inattendue

- Première visite de l'huissier à l'entreprise de Jean.

- Discussion tendue et avertissement de M. Lemoine.

- Le ciel était couvert de nuages sombres ce matin-là, une métaphore appropriée pour l'humeur de Jean Dupont. Depuis qu'il avait reçu l'avis de passage de l'huissier, chaque jour semblait plus lourd que le précédent. Il avait passé la nuit à tenter de trouver une solution, de préparer des arguments, mais rien ne semblait suffisant pour apaiser son anxiété.

- Jean était plongé dans ses pensées lorsqu'il entendit des coups secs à la porte de son bureau. Il leva les yeux et vit Claire, sa secrétaire, l'air troublée. « Monsieur Dupont, l'huissier est ici », annonça-t-elle d'une voix basse.

- Jean se leva lentement, essayant de cacher le tremblement de ses mains. Il inspira profondément avant de dire : « Faites-le entrer, Claire. »

- M. Lemoine entra dans le bureau avec une assurance froide. C'était un homme de taille moyenne, aux cheveux grisonnants et au regard perçant. Il portait un costume impeccable, et son allure dégageait une autorité naturelle. Jean s'efforça de sourire et tendit la main. « Monsieur Lemoine, bonjour. »

- L'huissier serra brièvement la main de Jean, son visage impassible. « Monsieur Dupont, je suis ici pour discuter de vos obligations financières. Comme vous le savez, vos créanciers sont impatients de voir leurs dettes réglées. »

- Jean hocha la tête, essayant de garder son calme. « Oui, je comprends. Permettez-moi de vous expliquer la situation actuelle. Mon entreprise traverse une période difficile, mais nous avons des projets en cours qui pourraient nous permettre de nous redresser. J'ai besoin de temps, c'est tout. »

- M. Lemoine posa son attaché-case sur le bureau de Jean et en sortit plusieurs documents. « J'entends bien, Monsieur Dupont, mais vos créanciers ont déjà été très patients. Les montants en souffrance sont importants, et ils ne peuvent plus se permettre d'attendre indéfiniment. »

- Jean sentit la pression monter. Il s'assit et invita M. Lemoine à faire de même. « Écoutez, nous avons récemment signé un contrat prometteur avec une grande entreprise. Les paiements commenceront à arriver d'ici quelques semaines. Si nous pouvions obtenir un délai supplémentaire, je suis certain que nous pourrions commencer à rembourser nos dettes. »
- L'huissier resta silencieux un moment, évaluant Jean du regard. « Un délai supplémentaire, dites-vous ? Combien de temps avez-vous en tête ? »
- Jean réfléchit rapidement. « Trois mois. Cela nous donnerait le temps nécessaire pour stabiliser notre trésorerie et commencer les remboursements. »
- M. Lemoine hocha lentement la tête. « Trois mois, c'est un délai raisonnable, mais il faut des garanties. Les créanciers devront voir des preuves tangibles de votre capacité à rembourser. Sans cela, je devrai procéder selon la loi. »
- Jean sentit une lueur d'espoir, mais il savait que la bataille était loin d'être gagnée. « Je comprends. Je peux fournir les détails du contrat et des prévisions de trésorerie pour les prochains mois. Je ferai tout ce qui est en mon pouvoir pour prouver notre bonne foi. »
- L'huissier prit note des propos de Jean. « Très bien, Monsieur Dupont. Je vais transmettre vos propositions à vos créanciers. Mais sachez que si vous ne tenez pas vos engagements, les conséquences seront immédiates et sévères. »
- Le ton de M. Lemoine était ferme, presque menaçant. Jean le savait, cet homme ne plaisantait pas. Il hocha la tête, décidé à faire tout son possible pour tenir ses promesses. « Merci, Monsieur Lemoine. Je vais m'assurer de vous fournir tous les documents nécessaires. »
- M. Lemoine se leva, ramassant ses documents. « Nous nous reverrons bientôt, Monsieur Dupont. Bonne journée.
- Jean le raccompagna à la porte, puis retourna s'asseoir, l'esprit en ébullition. Cette visite avait été une épreuve, mais

il sentait qu'il avait gagné un peu de temps. Il savait cependant que ce n'était que le début. Il devait maintenant mettre en œuvre tout ce qu'il avait promis, prouver qu'EcoVert pouvait se redresser.

- Les jours suivants furent frénétiques. Jean travailla sans relâche, rassemblant les documents, peaufinant les prévisions, et cherchant des moyens de convaincre ses créanciers de lui accorder le temps nécessaire. Il savait que chaque minute comptait, que chaque effort devait être précis et efficace.

- La visite de M. Lemoine avait laissé une marque indélébile sur Jean. L'ombre de l'huissier planait toujours sur lui, un rappel constant de l'épée de Damoclès qui menaçait son entreprise. Mais au fond de lui, une détermination féroce brûlait. Jean Dupont n'abandonnerait pas sans se battre. Il était prêt à tout pour sauver son rêve, son entreprise, et l'avenir de ceux qui dépendaient de lui.

Chapitre 4 : Impact sur la Vie Personnelle

- Impact du stress sur la vie de famille de Jean.

- Difficultés financières et tensions à la maison.

- Les semaines qui suivirent la visite de M. Lemoine furent particulièrement éprouvantes pour Jean Dupont. L'inquiétude et le stress constant commencèrent à affecter non seulement sa vie professionnelle mais aussi sa vie personnelle. Chaque jour devenait une bataille pour maintenir un semblant de normalité tandis que la pression croissante menaçait de tout faire éclater.
- Jean rentrait souvent tard à la maison, exténué par les journées interminables passées à chercher des solutions pour sauver EcoVert. Ses traits étaient tirés, ses yeux cernés, et son sourire, autrefois si fréquent, avait disparu. Marie, sa femme, voyait les effets dévastateurs du stress sur son mari et essayait de soutenir la famille du mieux qu'elle pouvait, mais elle aussi était fatiguée.
- Un soir, alors que Jean franchissait la porte de leur maison, il trouva Marie assise dans le salon, entourée de factures et de relevés bancaires. Elle releva les yeux vers lui, ses sourcils froncés d'inquiétude. « Jean, nous devons parler », dit-elle doucement.
- Jean soupira et s'assit à côté d'elle. « Je sais, Marie. Les choses sont vraiment difficiles en ce moment. Mais je travaille dur pour trouver une solution. »
- Marie hocha la tête, mais il pouvait voir la peur dans ses yeux. « Les factures s'accumulent, et nous avons reçu plusieurs avertissements pour retard de paiement. Les enfants ressentent la tension, et je suis inquiète pour eux. »
- Le cœur de Jean se serra. Il savait que sa famille souffrait à cause de la situation financière de l'entreprise, et cela le rongeait de l'intérieur. « Je suis désolé, Marie. Je fais de mon mieux, mais les créanciers sont de plus en plus pressants. J'essaie de gagner du temps, mais chaque jour est une lutte. »

- Marie prit une profonde inspiration. « Jean, nous devons trouver un moyen de réduire nos dépenses. Peut-être devrions-nous envisager de vendre certaines choses, même la maison, si nécessaire. »
- Jean sentit une vague de désespoir l'envahir. La maison représentait tout ce qu'il avait construit pour sa famille. « Marie, vendre la maison serait un échec pour moi. C'est notre foyer, notre refuge. Je ne peux pas supporter l'idée de la perdre. »
- Marie posa sa main sur la sienne. « Je comprends, Jean, mais nous devons penser à l'avenir des enfants. Nous devons faire des choix difficiles pour leur bien-être. »
- Les larmes montaient aux yeux de Jean. Il se sentait déchiré entre son devoir de père et de mari, et son rêve de sauver EcoVert. Le stress de cette décision pesait lourdement sur lui, et chaque jour semblait le rapprocher un peu plus du point de rupture.
- Le lendemain matin, Jean se leva avec une sensation de lourdeur dans la poitrine. Il se regarda dans le miroir de la salle de bains et vit un homme fatigué, bien différent de celui qu'il était il y a quelques années. Les enfants étaient déjà à table pour le petit déjeuner, et il fit de son mieux pour afficher un sourire.
- « Bonjour, mes trésors », dit-il en embrassant Chloé et Lucas sur le front. Ils lui sourirent faiblement, ressentant la tension qui pesait sur leur père.
- Chloé, la plus âgée, regarda Jean avec des yeux pleins d'inquiétude. « Papa, tu sembles tellement fatigué. Est-ce que tout va bien ? »
- Jean s'efforça de paraître rassurant. « Ne t'inquiète pas, ma chérie. Papa a juste beaucoup de travail en ce moment. Mais tout ira bien. »
- Marie entra dans la cuisine, une expression de détermination sur le visage. « Jean, nous devons trouver un moyen de traverser cette crise ensemble. Je suis prête à faire des sacrifices, mais nous devons être réalistes. »
- Jean hocha la tête. « Je sais, Marie. Je vais contacter les créanciers et voir s'ils peuvent nous accorder un peu plus de

temps. Nous devons également réduire nos dépenses au minimum. »

- Les jours suivants furent marqués par une série de réunions et de négociations. Jean passa des heures au téléphone, essayant de persuader les créanciers de lui accorder des délais supplémentaires. Certains acceptèrent de le faire, mais d'autres restèrent inflexibles. La pression continuait de monter, et chaque appel semblait être une nouvelle source de stress.

- À la maison, les tensions s'accumulaient. Les disputes sur l'argent, autrefois rares, étaient devenues fréquentes. Les petits luxes du quotidien avaient été sacrifiés, et même les nécessités de base devenaient difficiles à gérer. Les enfants ressentaient l'anxiété de leurs parents, et cela se manifestait de différentes manières.

- Lucas, le plus jeune, commença à avoir des cauchemars et à se réveiller en pleurant la nuit. Chloé, quant à elle, devint plus renfermée, passant de plus en plus de temps seule dans sa chambre. Marie faisait de son mieux pour maintenir une routine stable pour les enfants, mais elle était épuisée par les préoccupations financières et les inquiétudes pour Jean.

- Un soir, alors que Jean travaillait tard dans son bureau à domicile, Marie entra avec une tasse de thé. Elle s'assit en face de lui et observa son mari penché sur ses documents, l'air abattu.

- « Jean, nous ne pouvons pas continuer comme ça », dit-elle doucement. « Tu te tues à petit feu. Nous avons besoin de toi en bonne santé, mentalement et physiquement. »

- Jean leva les yeux vers elle, des cernes sombres sous ses yeux. « Je sais, Marie. Mais je ne peux pas abandonner. Cette entreprise est tout ce que j'ai. »

- Marie prit une profonde inspiration. « Et nous, Jean ? Nous sommes ta famille. Nous avons besoin de toi aussi. Les enfants te voient te détruire, et ça les affecte. »

- Jean sentit une vague de culpabilité l'envahir. Il savait que Marie avait raison. « Je suis désolé, Marie. Je veux juste que tout s'arrange. »

- Marie se leva et alla derrière Jean, posant ses mains sur ses épaules. « Nous devons trouver un équilibre. Peut-être que parler à un conseiller financier pourrait nous aider à voir les choses sous un autre angle. »
- Jean acquiesça. « D'accord, je vais prendre rendez-vous. Nous devons explorer toutes les options possibles. »
- Le lendemain, Jean contacta un conseiller financier recommandé par un ami. Le rendez-vous fut fixé pour la semaine suivante. En attendant, il continua de travailler d'arrache-pied pour tenter de stabiliser la situation. Cependant, malgré ses efforts, les tensions à la maison ne faisaient que croître.
- Un soir, alors qu'ils étaient assis à table pour le dîner, une dispute éclata entre Jean et Marie. Lucas avait accidentellement renversé son verre de lait, et Jean, déjà à bout de nerfs, explosa de colère.
- « Lucas, fais attention ! » cria-t-il, sa voix résonnant dans la pièce. Lucas éclata en sanglots, effrayé par la réaction de son père.
- Marie se leva brusquement, posant ses mains sur les épaules de Lucas pour le calmer. « Jean, ça suffit ! Ce n'est qu'un verre de lait. Il ne mérite pas que tu lui cries dessus comme ça. »
- Jean se rassit, honteux de sa réaction. « Je suis désolé, Lucas. Papa est juste très stressé en ce moment. »
- Lucas hocha la tête, les larmes coulant toujours sur ses joues. « C'est pas grave, papa. »
- Chloé, assise silencieusement à table, regarda son père avec des yeux pleins de questions. « Papa, est-ce que tout va s'arranger ? »
- Jean sentit son cœur se serrer. Il savait qu'il devait être fort pour sa famille, mais la réalité était implacable. « Oui, Chloé. Nous allons tout faire pour que ça s'arrange. »
- Les jours suivants furent marqués par une tension palpable à la maison. Jean fit de son mieux pour contrôler ses accès de colère et sa frustration, mais le stress continuait de le ronger. Les enfants étaient plus calmes, presque méfiants, et Jean savait qu'il devait regagner leur confiance.

- Le rendez-vous avec le conseiller financier arriva enfin. Jean et Marie se rendirent à son bureau, espérant trouver des solutions à leurs problèmes croissants. Le conseiller, un homme d'une cinquantaine d'années au regard bienveillant, les accueillit avec un sourire rassurant.
- « Bonjour, Monsieur et Madame Dupont. Je suis ici pour vous aider. Parlons de votre situation et voyons ce que nous pouvons faire pour alléger votre fardeau. »
- Jean expliqua en détail la situation financière de l'entreprise, les dettes accumulées et les pressions des créanciers. Le conseiller écouta attentivement, prenant des notes et posant des questions précises.
- Après une longue discussion, le conseiller prit la parole. « Monsieur Dupont, votre entreprise est dans une situation difficile, mais il existe des solutions. Nous pouvons envisager une restructuration de la dette, et peut-être même une renégociation des conditions de certains prêts. Il sera crucial de préparer un plan détaillé et de montrer à vos créanciers que vous avez un chemin viable vers la stabilité. »
- Jean hocha la tête, sentant un léger espoir renaître. « Je suis prêt à faire tout ce qu'il faut. Nous devons sauver l'entreprise. »
- Le conseiller sourit. « C'est l'attitude qu'il faut. Nous allons travailler ensemble pour y arriver. Mais rappelez-vous, vous devez aussi prendre soin de vous et de votre famille. Le stress peut avoir des effets dévastateurs. »
- Marie acquiesça. « C'est ce que je n'arrête pas de dire à Jean. Nous avons besoin de trouver un équilibre. »
- Le conseiller leur donna plusieurs conseils pratiques et des étapes à suivre pour commencer la restructuration de la dette. Jean se sentit légèrement soulagé en quittant le bureau, mais il savait que le chemin serait long et semé d'embûches.
- De retour à la maison, Jean partagea les nouvelles avec les enfants. « Papa et maman travaillent avec quelqu'un pour nous aider à traverser cette période difficile. Nous allons faire de notre mieux pour que tout redevienne normal. »

- Chloé et Lucas semblèrent rassurés, même si l'inquiétude ne disparut pas complètement de leurs visages. Jean se promit de passer plus de temps avec eux, de leur montrer qu'ils étaient toujours sa priorité, malgré les défis financiers.

- Les semaines passèrent, et Jean suivit les conseils du conseiller financier. Il travailla d'arrache-pied pour préparer les documents nécessaires et entamer les négociations avec les créanciers. Les premiers résultats furent encourageants, mais la route était encore longue.

- À la maison, les tensions commencèrent lentement à diminuer. Jean fit des efforts conscients pour être plus présent pour sa famille, pour partager des moments de qualité avec Marie et les enfants. Ils organisèrent des soirées jeux, regardèrent des films ensemble, et prirent le temps de parler de leurs journées.

- Un soir, alors qu'ils étaient tous assis autour de la table, Chloé prit la parole. « Papa, je suis contente que tu sois plus souvent à la maison. Ça me manquait quand tu travaillais tard tout le temps. »

- Jean sentit une bouffée de chaleur dans son cœur. « Moi aussi, ça me manquait, Chloé. Vous êtes la chose la plus importante pour moi. »

- Marie sourit, les yeux remplis de larmes de joie. « Nous allons traverser cette épreuve ensemble, comme une famille. »

- Les mois suivants furent marqués par des hauts et des bas, mais Jean sentit que, peu à peu, ils reprenaient le contrôle de leur vie. La restructuration de la dette progressait, et les créanciers semblaient plus disposés à collaborer. Les tensions financières n'avaient pas complètement disparu, mais elles étaient devenues plus gérables.

- Jean apprit à mieux gérer son stress, à prendre du temps pour lui-même et pour sa famille. Il réalisa que, malgré les difficultés, il était entouré d'amour et de soutien. Sa détermination à sauver EcoVert restait intacte, mais il comprit que sa famille devait toujours être sa priorité.

- Un soir, alors qu'ils étaient tous réunis dans le salon, Marie proposa de porter un toast. « À notre famille, pour sa résilience et son amour. Peu importe les défis, nous les affronterons ensemble. »
- Jean leva son verre, les yeux brillants d'émotion. « À notre famille. Je vous aime tous plus que tout au monde. »
- Les enfants sourirent et trinquèrent avec leurs verres de jus de fruit, leurs visages illuminés par l'espoir. Jean savait que le chemin serait encore long, mais il avait retrouvé la force et la détermination nécessaires pour avancer. Ensemble, ils surmonteraient toutes les épreuves, et construiraient un avenir meilleur.

Chapitre 5 : Tentatives de Négociation

- Jean essaie de négocier un délai avec ses créanciers.

- Réaction négative des créanciers et de M. Lemoine.

- Les premiers rayons de soleil perçaient à peine à travers les volets quand Jean Dupont se réveilla, le cœur lourd. La journée s'annonçait cruciale pour l'avenir d'EcoVert et, par extension, pour celui de sa famille. Jean devait réussir à négocier des délais supplémentaires avec ses créanciers, un défi titanesque compte tenu de la pression exercée par M. Lemoine, l'huissier implacable.

- Après une douche rapide, Jean s'habilla soigneusement. Il choisit un costume sobre mais élégant, espérant projeter une image de confiance et de sérieux. Marie, qui préparait le petit-déjeuner dans la cuisine, lui lança un sourire encourageant. « Tu vas y arriver, Jean. Nous croyons en toi. »

- Jean hocha la tête, tentant de puiser de la force dans le soutien de sa femme. « Merci, Marie. Je vais tout faire pour obtenir ce délai. »

- Il embrassa rapidement ses enfants avant de quitter la maison. Chloé et Lucas, malgré leurs sourires, avaient des regards empreints d'inquiétude. Jean savait qu'il devait réussir non seulement pour l'entreprise, mais aussi pour rassurer sa famille.

- La première étape de la journée fut une réunion avec le conseiller financier. Assis dans une salle de conférence moderne, Jean exposa à nouveau la situation de l'entreprise. Le conseiller, un homme d'une cinquantaine d'années au regard bienveillant, l'écoutait attentivement.

- « Monsieur Dupont, nous avons préparé un dossier solide pour présenter à vos créanciers. Nous avons inclus des prévisions financières détaillées, des preuves de contrats futurs et des propositions de paiement échelonné. Il est crucial de montrer que vous avez un plan viable pour rembourser les dettes. »

- Jean hocha la tête, reconnaissant pour l'expertise du conseiller. « Merci pour votre aide. J'espère vraiment que cela suffira à convaincre les créanciers. »
- Le conseiller lui tendit une pile de documents. « Voici tous les éléments dont vous aurez besoin. Soyez confiant, Monsieur Dupont. La transparence et la détermination sont vos meilleurs alliés. »
- Armé de son dossier, Jean se rendit à son premier rendez-vous avec l'un de ses principaux créanciers, une grande banque locale. Il fut accueilli par le directeur, un homme d'affaires austère nommé M. Bertrand.
- « Monsieur Dupont, asseyez-vous, je vous en prie. » M. Bertrand ne perdit pas de temps en formalités et alla droit au but. « Nous avons examiné votre situation. Les montants en souffrance sont préoccupants. Pourquoi devrions-nous vous accorder plus de temps ? »
- Jean prit une profonde inspiration. « Monsieur Bertrand, je comprends vos préoccupations. Permettez-moi de vous expliquer notre situation actuelle. » Il déballa soigneusement les documents préparés et commença à exposer les détails financiers. « Nous avons signé plusieurs contrats prometteurs, et les paiements commenceront à arriver d'ici quelques semaines. Si nous obtenons un délai de trois mois, nous pourrons commencer à rembourser nos dettes. »
- M. Bertrand feuilleta les documents, l'air sceptique. « Vous parlez de contrats futurs, mais cela ne garantit pas des paiements immédiats. Nous avons besoin de voir des preuves tangibles que votre entreprise peut tenir ses engagements. »
- Jean sentit son cœur s'accélérer. « Je comprends, Monsieur Bertrand. Nous pouvons fournir des preuves supplémentaires si nécessaire. Nous avons également des stocks et des actifs que nous pouvons liquider en cas d'urgence. »
- Le directeur de la banque resta silencieux un moment, puis posa les documents sur la table. « Nous allons examiner votre demande plus en détail. Mais sachez que la décision

ne dépend pas uniquement de moi. Le conseil d'administration devra également être convaincu. »

- Jean acquiesça. « Merci pour votre temps, Monsieur Bertrand. J'apprécie votre compréhension. »
- En quittant la banque, Jean sentait l'anxiété monter. Il savait que cette première rencontre n'était qu'un début, et qu'il devrait faire face à d'autres créanciers, probablement moins conciliants. Sa prochaine destination était le bureau d'un fournisseur clé, dont les livraisons étaient essentielles au fonctionnement d'EcoVert.
- M. Lefèvre, le directeur des ventes du fournisseur, l'accueillit avec un sourire crispé. « Monsieur Dupont, nous avons besoin de parler sérieusement. Nos factures sont en souffrance depuis trop longtemps. »
- Jean s'assit, essayant de paraître aussi calme que possible. « M. Lefèvre, je comprends vos préoccupations. Nous travaillons d'arrache-pied pour résoudre ces problèmes. Permettez-moi de vous présenter notre plan de redressement. »
- Comme il l'avait fait avec M. Bertrand, Jean expliqua en détail la situation de l'entreprise et les mesures qu'il prévoyait de prendre pour assurer le remboursement des dettes. M. Lefèvre écoutait attentivement, mais son expression restait sévère.
- « Monsieur Dupont, nous avons toujours eu une bonne relation commerciale, mais notre patience a des limites. Si vous ne pouvez pas régler ces factures rapidement, nous devrons cesser nos livraisons, ce qui mettrait votre entreprise en grave difficulté. »
- Jean sentit la pression s'accentuer. « Je comprends, M. Lefèvre. Nous avons vraiment besoin de votre soutien en ce moment. Si vous nous accordez ce délai, je vous assure que nous honorerons nos engagements. »
- M. Lefèvre resta silencieux un moment, puis hocha lentement la tête. « Je vais discuter de votre demande avec notre service financier. Mais sachez que nous ne pourrons pas attendre indéfiniment. »

- En quittant le bureau de M. Lefèvre, Jean sentit un mélange de soulagement et de tension. Il avait peut-être réussi à gagner un peu de temps, mais il savait que chaque jour comptait. La dernière étape de la journée était la plus redoutée : une rencontre avec M. Lemoine, l'huissier.
- M. Lemoine avait convoqué Jean dans son bureau austère, une pièce sombre et froide qui reflétait parfaitement la personnalité rigide de l'huissier. Jean entra, son cœur battant la chamade.
- « Monsieur Dupont, asseyez-vous », dit M. Lemoine sans lever les yeux de ses papiers. Jean obéit, sentant l'anxiété monter en lui.
- M. Lemoine leva enfin les yeux, son regard perçant fixant Jean. « Alors, quelles nouvelles avez-vous pour moi ? »
- Jean prit une profonde inspiration et commença à expliquer son plan de redressement, mettant en avant les contrats futurs et les mesures de réduction des coûts. M. Lemoine écoutait en silence, ses yeux ne trahissant aucune émotion.
- « Monsieur Dupont, vos efforts sont louables, mais les créanciers ne peuvent pas se contenter de promesses. Ils ont besoin de garanties concrètes. »
- Jean sentit une vague de désespoir le submerger. « M. Lemoine, nous faisons tout notre possible pour stabiliser la situation. Nous avons vraiment besoin de plus de temps. »
- L'huissier resta impassible. « Le temps, Monsieur Dupont, est un luxe que vos créanciers ne peuvent plus se permettre. Vous avez déjà eu plusieurs mois pour régler ces dettes, et la situation n'a pas changé. »
- Jean sentit ses mains trembler légèrement. « Je comprends, mais nous avons fait des progrès significatifs. Nous avons besoin de votre soutien pour continuer. »
- M. Lemoine soupira, regardant Jean avec une expression de fatigue. « Je vais transmettre votre demande aux créanciers, mais je ne peux rien vous promettre. Ils sont de plus en plus impatients. Si vous ne pouvez pas fournir des garanties supplémentaires, je crains que les conséquences ne soient sévères. »

- Jean quitta le bureau de M. Lemoine, l'esprit embrouillé par l'incertitude. La journée avait été longue et éprouvante, et il ne savait toujours pas si ses efforts porteraient leurs fruits. Il rentra chez lui, épuisé mais déterminé à ne pas abandonner.
- À la maison, Marie l'attendait avec un regard plein de questions. « Alors, comment ça s'est passé ? »
- Jean s'assit lourdement sur le canapé, passant une main fatiguée sur son visage. « C'était difficile. Certains créanciers semblent prêts à nous accorder un peu de temps, mais M. Lemoine est intransigeant. Il veut des garanties supplémentaires. »
- Marie s'assit à côté de lui, prenant sa main dans la sienne. « Nous allons trouver une solution, Jean. Nous devons continuer à nous battre. »
- Jean hocha la tête, reconnaissant pour le soutien indéfectible de sa femme. « Oui, nous devons continuer. Pour nous, pour les enfants, et pour l'avenir d'EcoVert. »
- Les jours suivants furent marqués par une série de réunions et de négociations intenses. Jean passa des heures à contacter d'autres créanciers, à présenter son plan de redressement et à tenter de gagner leur confiance. Certains acceptèrent de lui accorder des délais supplémentaires, mais d'autres restèrent inflexibles.
- Un après-midi, alors qu'il sortait d'une réunion particulièrement éprouvante, Jean reçut un appel de M. Lemoine. Son cœur battit la chamade alors qu'il répondait. « Monsieur Lemoine, bonjour. »
- La voix de l'huissier était aussi froide et impassible que d'habitude. « Monsieur Dupont, j'ai parlé aux créanciers. La plupart d'entre eux ne sont pas disposés à vous accorder plus de temps sans garanties supplémentaires. Ils demandent des preuves concrètes de votre capacité à rembourser les dettes. »
- Jean sentit une vague de désespoir l'envahir. « M. Lemoine, nous avons fait de notre mieux pour fournir toutes les informations nécessaires. Quels types de garanties supplémentaires recherchent-ils ? »

- M. Lemoine resta silencieux un moment, puis répondit. « Ils veulent des garanties financières, des actifs que vous pouvez mettre en gage, ou des preuves de paiements immédiats. Sans cela, ils seront contraints de prendre des mesures légales pour récupérer leurs fonds. »
- Jean sentit son cœur se serrer. « Nous n'avons pas beaucoup d'actifs à mettre en gage. Mais nous pouvons essayer de trouver d'autres solutions. »
- M. Lemoine soupira. « Monsieur Dupont, je comprends votre situation, mais les créanciers sont à bout de patience. Vous devez agir rapidement. »
- Jean raccrocha, sentant le poids du monde peser sur ses épaules. Il savait qu'il devait trouver une solution, et vite. En rentrant chez lui ce soir-là, il sentit la fatigue s'abattre sur lui comme une chape de plomb.
- Marie l'attendait à la maison, son regard plein de compassion. « Jean, comment ça s'est passé ? »
- Jean s'assit lourdement sur le canapé, ses épaules affaissées sous le poids du stress. « Les créanciers veulent des garanties supplémentaires. M. Lemoine a été très clair : si nous ne pouvons pas fournir des preuves de notre capacité à rembourser, ils prendront des mesures légales. »
- Marie soupira, passant une main réconfortante sur le dos de Jean. « Nous devons trouver une solution. Peut-être devrions-nous envisager de vendre certains actifs, même si cela signifie sacrifier des choses importantes. »
- Jean hocha la tête, les yeux fermés de fatigue. « Oui, tu as raison. Nous devons faire des sacrifices pour sauver l'entreprise. »
- Le lendemain, Jean commença à explorer toutes les options possibles pour fournir les garanties demandées par les créanciers. Il contacta des agents immobiliers pour évaluer la valeur de certains biens, envisageant même de vendre la maison familiale s'il le fallait. Cette perspective le terrifiait, mais il savait que c'était peut-être la seule solution pour sauver EcoVert.
- Les jours passaient et les pressions continuaient de monter. Jean passait de longues heures au téléphone, essayant de

négocier des accords, de trouver des acheteurs potentiels pour les actifs de l'entreprise, et de rassurer sa famille. Chaque jour était une lutte, mais il refusait de baisser les bras.

- Un après-midi, alors qu'il était en pleine négociation avec un potentiel acheteur pour l'un des actifs de l'entreprise, il reçut un appel de M. Lemoine. « Monsieur Dupont, j'ai une nouvelle importante. Les créanciers ont décidé de vous accorder un délai supplémentaire, à condition que vous fournissiez des garanties concrètes d'ici la fin du mois. »

- Jean sentit un poids énorme se lever de ses épaules. « Merci, M. Lemoine. Nous allons faire tout notre possible pour fournir ces garanties. »

- L'huissier resta impassible. « N'oubliez pas, Monsieur Dupont, que ce délai est conditionnel. Vous devez agir rapidement. »

- En raccrochant, Jean sentit une vague d'émotion l'envahir. Il avait gagné un peu de temps, mais la bataille était loin d'être terminée. Il devait maintenant trouver les garanties nécessaires pour satisfaire les créanciers.

- Avec l'aide de Marie, il commença à préparer la vente de certains actifs. Ils contactèrent des acheteurs potentiels, préparèrent les documents nécessaires, et mirent en place un plan pour générer des liquidités rapidement. Chaque jour était une course contre la montre, mais Jean sentait que l'espoir renaissait peu à peu.

- Un soir, alors qu'ils étaient assis autour de la table, Chloé regarda son père avec un sourire timide. « Papa, est-ce que ça va mieux ? »

- Jean hocha la tête, sentant les larmes monter. « Oui, Chloé. Les choses s'améliorent petit à petit. Nous avons encore beaucoup de travail à faire, mais nous y arriverons. »

- Marie sourit, prenant la main de Jean dans la sienne. « Nous sommes une famille, et ensemble, nous surmonterons toutes les épreuves. »

- Jean sentit une chaleur réconfortante envahir son cœur. Il savait que le chemin serait encore long et difficile, mais avec le soutien de sa famille, il était prêt à affronter tous les défis. Ensemble, ils bâtiraient un avenir meilleur, malgré les obstacles et les épreuves qui se dressaient devant eux.

Chapitre 6 : La Descente aux Enfers

- Augmentation des visites de l'huissier et des menaces.

- Jean commence à perdre espoir.

- Les semaines suivantes s'annonçaient sombres pour Jean Dupont. Alors qu'il pensait avoir gagné un peu de répit grâce aux négociations, la réalité se révéla bien plus cruelle. Les créanciers, malgré les promesses d'accords, restaient impatients et les visites de M. Lemoine, l'huissier, se faisaient de plus en plus fréquentes et menaçantes. Le poids des dettes et l'incertitude pesaient lourdement sur les épaules de Jean, menaçant de le faire sombrer dans le désespoir.

- Jean se réveillait chaque matin avec une boule au ventre, redoutant ce que la journée lui réserverait. Les courriers de relance et les appels téléphoniques incessants étaient devenus son quotidien. Chaque sonnerie de téléphone faisait monter son anxiété, et chaque lettre portant le logo d'un créancier lui coupait le souffle.

- Un matin, alors qu'il se préparait à se rendre au bureau, la sonnette retentit. Jean ouvrit la porte pour trouver M. Lemoine, son visage impassible comme toujours, tenant une pile de documents dans sa main.

- « Monsieur Dupont, nous devons parler. Les créanciers sont de plus en plus impatients. Vous avez des dettes qui nécessitent un règlement immédiat. »

- Jean sentit son cœur se serrer. « M. Lemoine, je fais tout ce que je peux pour régler ces dettes. Nous avons mis en vente certains actifs et attendons des réponses. Cela prend du temps. »

- M. Lemoine resta de marbre. « Le temps est une denrée rare, Monsieur Dupont. Les créanciers ont des limites et vous les avez presque atteintes. Je suis ici pour vous remettre une mise en demeure officielle. Vous avez quinze jours pour régler la somme due, sinon des mesures judiciaires seront prises. »

- Jean prit les documents, ses mains tremblantes. « Quinze jours ? C'est impossible. Nous avons besoin de plus de temps. »
- L'huissier le fixa froidement. « C'est la dernière extension possible. Utilisez ce temps à bon escient. Bonne journée. »
- En fermant la porte, Jean sentit une vague de panique l'envahir. Quinze jours. C'était tout ce qu'il lui restait pour trouver une solution. Il se laissa tomber sur une chaise, le regard perdu. Comment allait-il y arriver ?
- Marie entra dans la pièce, son visage empreint d'inquiétude. « Jean, qu'est-ce qu'il se passe ? »
- Jean lui tendit les documents. « Quinze jours, Marie. Nous avons seulement quinze jours pour régler les dettes avant qu'ils n'entament des procédures judiciaires. »
- Marie lut les papiers, ses yeux se remplissant de larmes. « Jean, que pouvons-nous faire ? »
- Jean passa une main fatiguée sur son visage. « Je ne sais pas, Marie. Nous avons déjà mis en vente tout ce que nous pouvions. Peut-être devrions-nous envisager de vendre la maison. »
- Marie hocha lentement la tête. « Si c'est la seule solution, nous devons le faire. Nous pouvons toujours recommencer ailleurs, mais nous devons sauver l'entreprise. »
- Jean sentit un mélange de gratitude et de désespoir. « Merci pour ton soutien, Marie. Nous allons tout faire pour y arriver. »
- Les jours suivants furent une véritable course contre la montre. Jean et Marie contactèrent des agents immobiliers, mirent la maison en vente, et commencèrent à rechercher des acheteurs potentiels. Chaque minute comptait, et l'anxiété de Jean atteignait des sommets. Les nuits étaient courtes et agitées, marquées par des insomnies et des cauchemars.
- Entre-temps, les visites de M. Lemoine se faisaient de plus en plus fréquentes et menaçantes. Chaque visite était un rappel brutal de l'urgence de la situation. Un après-midi, alors que Jean travaillait à son bureau, l'huissier fit irruption sans prévenir.

- « Monsieur Dupont, les créanciers exigent des garanties immédiates. Où en êtes-vous avec la vente des actifs ? »
- Jean leva les yeux, épuisé. « Nous avons plusieurs acheteurs potentiels, mais les transactions prennent du temps. Nous faisons tout notre possible. »
- M. Lemoine croisa les bras, son regard dur. « Les créanciers veulent des actions concrètes, pas des promesses. Si vous ne fournissez pas de garanties d'ici la fin de la semaine, ils engageront des procédures judiciaires. »
- Jean sentit la panique monter. « La fin de la semaine ? Mais c'est impossible ! »
- L'huissier resta imperturbable. « Vous avez jusqu'à vendredi. Bonne chance. »
- En quittant le bureau, M. Lemoine laissa Jean dans un état de désarroi total. Comment allait-il trouver une solution en si peu de temps ? Le poids de la situation devenait insupportable.
- À la maison, les tensions étaient palpables. Chloé et Lucas ressentaient l'angoisse de leurs parents, et malgré leurs efforts pour rester optimistes, ils ne pouvaient ignorer l'atmosphère pesante qui régnait. Les disputes entre Jean et Marie devinrent plus fréquentes, la pression de la situation exacerbant les tensions.
- Un soir, après une énième visite de l'huissier, Jean s'effondra. Assis à la table de la cuisine, la tête entre les mains, il laissait échapper des larmes de désespoir. Marie s'approcha de lui, posant une main réconfortante sur son épaule.
- « Jean, nous allons trouver une solution. Nous devons rester forts pour les enfants. »
- Jean leva les yeux, les larmes brouillant sa vue. « Marie, je ne sais pas combien de temps encore je peux tenir. Chaque jour est une lutte, et je me sens de plus en plus épuisé. »
- Marie le serra dans ses bras. « Nous sommes ensemble dans cette épreuve, Jean. Nous devons continuer à nous battre. Pour nous, pour Chloé et Lucas, et pour l'avenir de l'entreprise. »

- Les jours suivants furent une course effrénée pour obtenir des garanties et conclure des ventes. Jean et Marie passèrent des heures au téléphone, à négocier avec des acheteurs potentiels et à remplir des formulaires administratifs. Malgré leurs efforts, les progrès étaient lents et les créanciers de plus en plus impatients.
- Un matin, alors qu'il se rendait à une énième réunion, Jean reçut un appel de M. Lemoine. « Monsieur Dupont, il est temps de discuter sérieusement. Les créanciers ont décidé de passer à l'action. »
- Jean sentit un frisson de panique le traverser. « M. Lemoine, nous faisons tout notre possible. Nous avons des acheteurs potentiels, mais cela prend du temps. »
- L'huissier resta implacable. « Le temps est écoulé, Monsieur Dupont. Les créanciers ont perdu patience. Des procédures judiciaires vont être engagées. Vous recevrez les documents officiels dans les prochains jours. »
- En raccrochant, Jean sentit un sentiment de désespoir profond l'envahir. Il rentra chez lui, la tête basse, et annonça la nouvelle à Marie. « Ils engagent des procédures judiciaires. Nous avons échoué. »
- Marie le regarda, les yeux remplis de larmes. « Jean, nous devons rester forts. Nous ne pouvons pas abandonner maintenant. »
- Jean sentit une vague de désespoir le submerger. « Marie, je ne sais pas combien de temps encore je peux tenir. Chaque jour est une lutte, et je me sens de plus en plus épuisé. »
- Les semaines suivantes furent une véritable descente aux enfers pour Jean. Les visites de l'huissier se faisaient de plus en plus fréquentes, chaque visite apportant son lot de menaces et de pressions. Les créanciers avaient engagé des procédures judiciaires, et Jean recevait régulièrement des convocations pour des audiences.
- Les nuits étaient de plus en plus courtes et agitées. Jean passait des heures à tourner en rond dans son lit, incapable de trouver le sommeil. Ses pensées tourbillonnaient, mêlant inquiétudes financières et angoisses personnelles. La

fatigue et le stress commencèrent à affecter sa santé, et il perdit du poids à vue d'œil.

- Un soir, alors qu'il travaillait tard au bureau, Jean reçut un appel de son conseiller financier. « Monsieur Dupont, j'ai des nouvelles concernant la vente de certains actifs. Nous avons trouvé des acheteurs pour une partie des biens, mais cela ne suffira pas à couvrir toutes les dettes. »
- Jean sentit une vague de découragement l'envahir. « Merci pour votre aide. Nous continuerons à chercher des solutions. »
- Le conseiller resta silencieux un moment, puis ajouta. « Monsieur Dupont, je vous conseille de prendre soin de vous. Le stress et l'anxiété peuvent avoir des effets dévastateurs sur votre santé. N'hésitez pas à consulter un professionnel si vous en ressentez le besoin. »
- Jean hocha la tête, même s'il savait que c'était plus facile à dire qu'à faire. Il rentra chez lui tard ce soir-là, épuisé et découragé. Marie l'attendait, une expression de préoccupation sur le visage.
- « Jean, tu dois te reposer. Tu ne peux pas continuer à te mettre autant de pression. »
- Jean la regarda, les yeux pleins de larmes. « Marie, je fais tout ce que je peux, mais je sens que je perds pied. »
- Marie le prit dans ses bras, essayant de lui apporter un peu de réconfort. « Nous allons trouver une solution, Jean. Nous devons rester forts pour nos enfants et pour nous-mêmes. »
- Les jours suivants furent une lutte constante. Jean et Marie continuèrent à chercher des solutions, contactant des acheteurs potentiels et essayant de négocier des accords avec les créanciers. Mais les progrès étaient lents et les obstacles nombreux.
- Un après-midi, alors qu'il travaillait à son bureau, Jean reçut une visite inattendue de M. Lemoine. « Monsieur Dupont, j'ai des nouvelles des créanciers. Ils ont décidé de vous accorder un délai supplémentaire, à condition que vous fournissiez des garanties d'ici la fin du mois. »
- Jean sentit une lueur d'espoir. « Merci, M. Lemoine. Nous allons tout faire pour fournir ces garanties. »

- L'huissier resta impassible. « N'oubliez pas, Monsieur Dupont, que ce délai est conditionnel. Vous devez agir rapidement. »

- En raccrochant, Jean sentit une vague d'émotion l'envahir. Il avait gagné un peu de temps, mais la bataille était loin d'être terminée. Il devait maintenant trouver les garanties nécessaires pour satisfaire les créanciers.

- Avec l'aide de Marie, il commença à préparer la vente de certains actifs. Ils contactèrent des acheteurs potentiels, préparèrent les documents nécessaires, et mirent en place un plan pour générer des liquidités rapidement. Chaque jour était une course contre la montre, mais Jean sentait que l'espoir renaissait peu à peu.

- Un soir, alors qu'ils étaient assis autour de la table, Chloé regarda son père avec un sourire timide. « Papa, est-ce que ça va mieux ? »

- Jean hocha la tête, sentant les larmes monter. « Oui, Chloé. Les choses s'améliorent petit à petit. Nous avons encore beaucoup de travail à faire, mais nous y arriverons. »

- Marie sourit, prenant la main de Jean dans la sienne. « Nous sommes une famille, et ensemble, nous surmonterons toutes les épreuves. »

- Jean sentit une chaleur réconfortante envahir son cœur. Il savait que le chemin serait encore long et difficile, mais avec le soutien de sa famille, il était prêt à affronter tous les défis. Ensemble, ils bâtiraient un avenir meilleur, malgré les obstacles et les épreuves qui se dressaient devant eux.

Chapitre 7 : Soutien et Solidarité

- Jean reçoit du soutien de ses amis et collègues.

- Un avocat propose son aide gratuitement.

- Jean Dupont, malgré les tourments qui l'assaillaient quotidiennement, commençait à voir un mince filet de lumière au bout du tunnel grâce à l'appui inattendu de ses amis et collègues. Le stress incessant des dettes et des visites de l'huissier l'avait presque anéanti, mais il allait découvrir que parfois, dans les moments les plus sombres, des mains secourables se tendent.

- Un lundi matin, alors qu'il entrait dans son bureau avec une lassitude évidente, Jean trouva une note sur son bureau. C'était un message de Paul, un de ses anciens collègues et ami de longue date. « Jean, j'ai entendu parler de tes difficultés. Peux-tu m'appeler dès que tu as un moment ? » Jean soupira, ne s'attendant pas à grand-chose, mais il décida de composer le numéro.

- « Paul, c'est Jean. J'ai reçu ton message. »

- « Jean ! Je suis content que tu aies appelé. J'ai entendu dire que tu traversais une période difficile. Écoute, quelques-uns de nos anciens collègues et moi-même voulons t'aider. Nous nous sommes cotisés pour te donner un coup de main financier. Ce n'est peut-être pas grand-chose, mais c'est un début. »

- Jean fut submergé par l'émotion. « Paul, je ne sais pas quoi dire. C'est… c'est incroyable. Je ne m'attendais pas à un tel geste de votre part. »

- « Ne t'inquiète pas, Jean. Nous sommes tous passés par des moments difficiles et nous savons ce que cela fait. Considère cela comme un geste de solidarité. »

- Les yeux de Jean se remplirent de larmes de gratitude. « Merci, Paul. Cela signifie énormément pour moi. »

- Les jours suivants, Jean reçut des messages similaires de divers collègues et amis qui, ayant appris sa situation, décidèrent de lui apporter leur soutien. Chaque petit geste, chaque mot d'encouragement, était une bouffée d'air frais dans un environnement autrement suffocant.

- Un après-midi, alors qu'il revenait d'une réunion épuisante, Jean trouva une enveloppe sur son bureau. Elle ne portait aucune adresse d'expéditeur. Intrigué, il l'ouvrit et découvrit une lettre manuscrite.
- « Monsieur Dupont,
- Je suis un avocat spécialisé en droit commercial et j'ai entendu parler de votre situation par un ami commun. J'aimerais vous offrir mon aide pro bono pour naviguer dans cette crise. J'ai une expertise particulière dans la négociation avec les créanciers et la gestion des dettes d'entreprise. Si vous êtes intéressé, veuillez me contacter au plus vite.
- Cordialement, Maître Bernard Lemoine »
- Jean lut et relut la lettre, n'en croyant pas ses yeux. Une aide juridique gratuite était exactement ce dont il avait besoin. Sans perdre une minute, il prit son téléphone et composa le numéro.
- « Maître Lemoine, bonjour. C'est Jean Dupont. J'ai reçu votre lettre et je suis très intéressé par votre proposition d'aide. »
- « Bonjour, Monsieur Dupont. Je suis ravi que vous ayez pris contact. Pouvez-vous venir à mon cabinet demain matin ? Nous discuterons de votre situation en détail et élaborerons un plan d'action. »
- Le lendemain, Jean se rendit au cabinet de Maître Lemoine, espérant que cette rencontre marquerait un tournant dans sa lutte contre ses difficultés financières. Il fut accueilli par un homme d'une cinquantaine d'années, au visage avenant et aux manières rassurantes.
- « Monsieur Dupont, asseyez-vous, je vous en prie. Parlons de votre situation. J'ai déjà pris connaissance de certains éléments, mais j'aimerais avoir une vision complète pour pouvoir vous aider au mieux. »
- Jean passa les heures suivantes à expliquer en détail les défis auxquels il faisait face, depuis les dettes accumulées jusqu'aux incessantes visites de l'huissier, M. Lemoine.

Maître Lemoine écoutait attentivement, prenant des notes et posant des questions précises.

- « Très bien, Monsieur Dupont. Je vois plusieurs pistes que nous pouvons explorer. La première étape sera de contacter les créanciers pour tenter de négocier des délais supplémentaires et des réductions de dettes. Il est crucial de leur montrer que vous êtes de bonne foi et que vous travaillez activement à résoudre cette situation. »
- Jean hocha la tête. « J'ai essayé de négocier avec eux, mais leurs exigences sont trop élevées. »
- « Laissez-moi m'en occuper. En tant qu'avocat, j'ai une certaine influence et je connais les arguments qui peuvent les persuader. Nous allons également examiner vos actifs et vos flux de trésorerie pour voir ce qui peut être utilisé comme levier dans ces négociations. »
- Maître Lemoine se révéla être un allié précieux. Il entreprit immédiatement des actions pour contacter les créanciers, organisant des réunions et rédigeant des propositions de règlement. Sa présence apportait un semblant d'ordre dans le chaos de la vie de Jean.
- Parallèlement, Jean continuait de recevoir des témoignages de soutien de ses amis et collègues. Un groupe d'anciens collègues organisa même une collecte de fonds pour l'aider à traverser cette période difficile. Ces actes de solidarité redonnaient à Jean un espoir qu'il croyait perdu.
- Un vendredi soir, alors qu'il rentrait chez lui après une longue journée de travail, Jean trouva sa maison remplie de ses amis et collègues. Marie, Chloé et Lucas avaient organisé une petite fête surprise pour lui remonter le moral.
- « Papa, regarde, tout le monde est venu te soutenir ! » s'écria Chloé en courant vers lui.
- Jean, ému, regarda autour de lui et vit les visages souriants de ses proches. Paul s'approcha de lui avec un sourire. « Jean, nous avons tous pensé qu'une soirée en bonne compagnie pourrait te faire du bien. Nous savons que tu te bats avec acharnement, et nous sommes tous là pour toi. »

- Jean sentit ses yeux se remplir de larmes. « Merci, à tous. Votre soutien signifie énormément pour moi et ma famille. Vous ne pouvez pas savoir à quel point cela me touche. »

- La soirée se passa dans une ambiance chaleureuse et réconfortante. Jean retrouva des amis qu'il n'avait pas vus depuis des années, échangeant des anecdotes et partageant des rires. Pendant quelques heures, il put oublier ses soucis et se rappeler ce que c'était que de vivre sans la pression constante des dettes.

- Après la fête, alors qu'il se préparait à se coucher, Jean s'assit sur le lit, épuisé mais réconforté. Marie s'assit à côté de lui, prenant sa main dans la sienne.

- « Jean, ce soir, j'ai vu une lueur d'espoir dans tes yeux. Nous avons des amis formidables qui nous soutiennent, et Maître Lemoine semble être notre meilleur espoir pour sortir de cette crise. »

- Jean hocha la tête. « Oui, Marie. Ce soir, j'ai réalisé que je ne suis pas seul. Avec l'aide de tous, je crois que nous pouvons y arriver. »

- Les jours suivants, Maître Lemoine poursuivit ses efforts pour négocier avec les créanciers. Il réussit à obtenir des extensions de délais pour certaines dettes et des réductions pour d'autres. Ses compétences en négociation et sa détermination commencèrent à porter leurs fruits.

- Un matin, Jean reçut un appel de Maître Lemoine. « Monsieur Dupont, j'ai une bonne nouvelle. Nous avons réussi à obtenir un délai supplémentaire de six mois pour l'une de vos plus grosses dettes. Cela devrait vous donner un peu de répit et vous permettre de vous concentrer sur la vente de certains actifs. »

- Jean sentit un immense soulagement. « Merci, Maître Lemoine. C'est une excellente nouvelle. »

- « Nous n'avons pas encore terminé, Monsieur Dupont. Il reste encore beaucoup à faire, mais chaque petite victoire nous rapproche de la solution. »

- Encouragé par ces développements positifs, Jean redoubla d'efforts pour trouver des acheteurs pour les actifs de l'entreprise. Avec l'aide de Maître Lemoine et le soutien constant de ses amis et collègues, il commença à voir des progrès tangibles.

- Un après-midi, alors qu'il travaillait au bureau, Jean reçut un appel d'un acheteur intéressé par l'un des principaux actifs de l'entreprise. Après plusieurs jours de négociations, ils parvinrent à un accord satisfaisant, ce qui permit à Jean de rembourser une partie significative de ses dettes.
- Ce succès redonna à Jean une énergie nouvelle. Avec chaque dette remboursée et chaque créancier apaisé, il sentait le poids sur ses épaules diminuer. Les visites de l'huissier M. Lemoine se firent moins fréquentes, et l'atmosphère à la maison devint plus sereine.
- Un soir, alors qu'il rentrait chez lui, Jean trouva Marie et les enfants dans le jardin, profitant d'un rare moment de détente. Il se joignit à eux, sentant un profond sentiment de gratitude et de soulagement.
- « Papa, tu as l'air plus heureux ces derniers temps, » remarqua Lucas.
- Jean sourit. « Oui, Lucas. Les choses commencent à s'améliorer. Nous avons encore du chemin à parcourir, mais avec le soutien de notre famille et de nos amis, je suis sûr que nous y arriverons. »
- Marie prit la main de Jean, son regard plein de détermination. « Nous avons traversé des moments très difficiles, mais nous avons aussi découvert à quel point nous sommes fort ensemble. L'avenir est plein de défis, mais aussi de possibilités. »
- Jean hocha la tête. « Oui, Marie. Nous avons des amis formidables, et Maître Lemoine est un allié précieux. Grâce à eux, nous avons une chance de surmonter cette crise et de reconstruire notre avenir. »
- Les mois suivants furent marqués par un travail acharné et des efforts constants pour stabiliser l'entreprise. Jean, soutenu par Maître Lemoine, parvint à négocier des accords favorables avec les créanciers restants. Petit à petit, il remit l'entreprise sur pied, retrouvant la confiance et la détermination qui l'avaient animé autrefois.

- Un jour, alors qu'il se rendait à une réunion importante, Jean s'arrêta un moment pour réfléchir à tout ce qu'il avait traversé. Les épreuves, les doutes, les moments de désespoir avaient été nombreux, mais il avait aussi découvert une force intérieure insoupçonnée et une solidarité incroyable de la part de ses amis et collègues.
- En entrant dans la salle de réunion, il se tourna vers Maître Lemoine, qui l'accompagnait. « Merci, Maître Lemoine. Votre aide a été inestimable. Je ne sais pas ce que j'aurais fait sans vous. »
- Maître Lemoine sourit. « C'est pour cela que je suis là, Monsieur Dupont. Nous avons encore du travail à faire, mais je suis confiant que vous surmonterez ces défis avec brio. »
- Jean hocha la tête, sentant un renouveau de détermination et d'optimisme. Il savait que le chemin serait encore long et semé d'embûches, mais avec le soutien de ses amis, de sa famille, et de Maître Lemoine, il était prêt à affronter l'avenir avec courage et espoir.
- Ce jour-là, Jean prit la parole devant ses employés, leur parlant avec une sincérité et une passion renouvelée. « Nous avons traversé des temps difficiles, mais grâce à notre solidarité et à notre détermination, nous sommes en train de sortir de cette crise. Ensemble, nous bâtirons un avenir meilleur pour nous et pour notre entreprise. Merci à chacun d'entre vous pour votre soutien et votre confiance. »
- Les applaudissements qui suivirent résonnèrent comme un écho de l'espoir et de la résilience qui avaient guidé Jean et ses proches à travers les épreuves. La route restait incertaine, mais avec le soutien et la solidarité de ceux qui croyaient en lui, Jean savait qu'il pouvait surmonter n'importe quel obstacle.

Chapitre 8 : Le Plan de Sauvetage

- Mise en place d'un plan de restructuration financière.

- M. Lemoine reste inflexible.

- Jean Dupont, après avoir reçu un soutien moral et financier inestimable de ses amis, de sa famille et de Maître Lemoine, se trouvait à un point crucial. Bien qu'il ait réussi à obtenir quelques délais de paiement et à vendre certains actifs, il lui restait encore beaucoup à faire pour stabiliser durablement son entreprise. La prochaine étape consistait à élaborer et à mettre en place un plan de restructuration financière complet.

- **1. Diagnostic et préparation**

- Jean et Maître Lemoine commencèrent par un diagnostic approfondi de la situation financière de l'entreprise. Ils passèrent en revue les états financiers, les dettes, les actifs restants, et les flux de trésorerie. Jean réalisa à quel point la situation était critique, mais il fut aussi encouragé par les petites victoires qu'ils avaient remportées jusqu'à présent.

- « Jean, » dit Maître Lemoine, « nous devons établir un plan de restructuration qui soit réaliste et acceptable pour vos créanciers. Il faut montrer que vous avez un plan solide pour redresser l'entreprise et rembourser vos dettes. »

- Jean hocha la tête. « Je comprends, Maître Lemoine. Par où commençons-nous ? »

- « Tout d'abord, nous devons prioriser vos dettes. Identifier celles qui sont les plus pressantes et celles qui peuvent être renégociées. Ensuite, nous devons évaluer vos sources de revenus et voir comment les maximiser. Enfin, nous devons examiner vos coûts et identifier des domaines où vous pouvez faire des économies. »

- **2. Rencontres avec les créanciers**

- Maître Lemoine organisa des réunions avec les principaux créanciers de Jean. Chaque rencontre était une épreuve en soi, mais Jean sentait que chaque pas en avant était une victoire. Lors de chaque réunion, Maître Lemoine présentait un plan détaillé de restructuration, expliquant comment Jean comptait redresser la situation et rembourser ses dettes.

- Les créanciers étaient sceptiques, mais Maître Lemoine, avec son expertise et sa ténacité, réussit à les convaincre de donner une chance à Jean.
- « Messieurs, » disait-il souvent, « Jean Dupont est déterminé à rembourser ses dettes. Il a le soutien de ses amis, de sa famille, et de moi-même. Nous vous demandons de lui accorder un peu de temps et de confiance. »
- Certains créanciers furent plus compréhensifs que d'autres, mais globalement, Jean parvint à obtenir des accords pour des délais supplémentaires et, dans certains cas, des réductions de dettes.
- **3. Restructuration interne**
- Avec les accords des créanciers en place, Jean se concentra sur la restructuration interne de son entreprise. Il convoqua une réunion avec ses employés pour leur expliquer la situation et le plan de sauvetage.
- « Mes amis, » commença-t-il, « nous avons traversé des moments difficiles, mais nous avons un plan pour redresser la situation. Cela nécessitera des sacrifices et des efforts de chacun d'entre nous, mais je suis convaincu que nous pouvons y arriver ensemble. »
- Jean présenta les mesures qu'il comptait prendre pour réduire les coûts et améliorer l'efficacité de l'entreprise. Cela inclut des réductions d'effectifs, des baisses de salaire temporaires, et des changements dans la gestion des stocks et des fournisseurs.
- Les réactions furent mitigées. Certains employés comprenaient la nécessité de ces mesures, tandis que d'autres étaient inquiets pour leur avenir. Jean et Maître Lemoine passèrent beaucoup de temps à répondre à leurs questions et à les rassurer sur le fait que ces sacrifices étaient temporaires et nécessaires pour la survie de l'entreprise.
- **4. Mise en œuvre du plan**
- La mise en œuvre du plan de restructuration fut une période intense et stressante. Jean travaillait sans relâche, jonglant

entre les réunions avec les créanciers, les discussions avec ses employés, et les efforts pour maintenir les opérations de l'entreprise à flot. Maître Lemoine était toujours à ses côtés, offrant des conseils et un soutien inébranlable.

- Un aspect clé du plan était de diversifier les sources de revenus de l'entreprise. Jean et son équipe explorèrent de nouvelles opportunités commerciales, cherchant à attirer de nouveaux clients et à étendre leurs marchés. Ils identifièrent également des domaines où ils pouvaient améliorer leurs marges bénéficiaires, en négociant de meilleurs accords avec les fournisseurs et en optimisant leurs processus de production.
- Un après-midi, alors que Jean travaillait sur des projections financières, Maître Lemoine entra dans son bureau.
- « Jean, nous avons des nouvelles des créanciers. Ils ont accepté les termes de notre plan de restructuration, à condition que nous fournissions des rapports financiers mensuels pour les douze prochains mois et que nous atteignions certains jalons de performance. »
- Jean sentit un poids énorme se lever de ses épaules. « C'est une excellente nouvelle, Maître Lemoine. Nous avons une chance de prouver que nous pouvons nous en sortir. »
- **5. Inflexibilité de M. Lemoine**
- Cependant, tout n'était pas encore gagné. L'huissier M. Lemoine restait inflexible et continuait à faire pression sur Jean. Les visites surprises se faisaient rares, mais chaque interaction avec lui rappelait à Jean que le spectre de la faillite n'était jamais loin.
- Un jour, M. Lemoine se présenta à l'entreprise de Jean sans prévenir. « Monsieur Dupont, je viens pour vérifier l'état de vos finances et m'assurer que vous respectez bien les accords pris avec vos créanciers. »
- Jean, bien que préparé, sentit une montée de stress. « Monsieur Lemoine, nous avons mis en place un plan de restructuration et nous travaillons dur pour le respecter. Maître Lemoine peut vous fournir toutes les informations nécessaires. »

- « Très bien, » répondit l'huissier d'un ton sec. « Mais je dois vous rappeler que tout écart par rapport au plan convenu pourrait entraîner des actions légales immédiates. »
- Jean sentit l'ombre de l'inflexibilité de M. Lemoine peser sur lui, mais il savait qu'il devait rester concentré et déterminé. Chaque étape du plan devait être suivie à la lettre, et toute erreur pouvait être fatale.

- **6. Soutien continu et solidarité**
- Malgré les pressions constantes, Jean recevait un soutien continu de ses amis et collègues. Paul et les autres anciens collègues continuaient à l'encourager, offrant des conseils et des suggestions pour améliorer les opérations de l'entreprise. Marie restait une source inépuisable de réconfort et de motivation, l'aidant à rester concentré sur leurs objectifs à long terme.
- Un jour, alors qu'il travaillait tard au bureau, Jean reçut un appel de Paul.
- « Jean, j'ai discuté avec certains contacts dans notre industrie et j'ai trouvé quelques opportunités commerciales qui pourraient t'intéresser. Je t'envoie les détails par e-mail. Cela pourrait vraiment aider à diversifier tes revenus. »
- Jean sentit une vague de gratitude. « Merci, Paul. Tu as été un soutien incroyable. »
- « Nous sommes tous là pour toi, Jean. Ne l'oublie jamais. »

- **7. Succès et progrès**
- Les mois passèrent, et peu à peu, les efforts de Jean commencèrent à porter leurs fruits. Les rapports financiers mensuels montraient des signes d'amélioration, et les créanciers étaient de plus en plus satisfaits des progrès réalisés. Les nouveaux contrats commerciaux apportaient des revenus supplémentaires, et les mesures de réduction des coûts commençaient à stabiliser les finances de l'entreprise.
- Un jour, alors qu'il examinait les derniers chiffres avec Maître Lemoine, Jean se rendit compte qu'ils étaient sur la bonne voie. « Maître Lemoine, regardez ces chiffres. Nous

avons réussi à réduire nos dettes de 30 % en six mois et nos marges bénéficiaires sont en hausse. »

- Maître Lemoine sourit. « Vous avez fait un travail remarquable, Jean. Continuez sur cette voie, et je suis convaincu que vous pourrez surmonter cette crise. »
- **8. Confrontation finale avec M. Lemoine**
- Malgré ces succès, M. Lemoine restait une épine dans le pied de Jean. Un matin, il se présenta une fois de plus à l'entreprise de Jean, exigeant une inspection complète des finances.
- « Monsieur Dupont, » dit-il en entrant dans le bureau de Jean, « j'espère que vous êtes prêt pour cette inspection. Nous devons nous assurer que toutes les conditions sont respectées. »
- Jean, bien que nerveux, se tenait prêt. « Monsieur Lemoine, je comprends vos préoccupations. Nous avons travaillé dur pour respecter nos engagements et nous avons les documents nécessaires pour le prouver. »
- L'inspection fut rigoureuse et stressante, mais à la fin, M. Lemoine ne trouva rien à redire. « Monsieur Dupont, il semble que vous respectiez bien les termes de votre plan de restructuration. Je vais transmettre mon rapport aux créanciers. Continuez sur cette voie. »
- Jean sentit une vague de soulagement. Bien que M. Lemoine reste inflexible, il savait qu'ils avaient réussi à franchir une étape cruciale.
- **9. Réflexion et espoir**
- Le soir même, Jean se retrouva chez lui avec Marie et les enfants. Assis autour de la table, ils discutèrent de leurs progrès et de l'avenir.
- « Papa, » dit Chloé, « est-ce que tout va vraiment mieux maintenant ? »
- Jean sourit. « Oui, Chloé. Les choses s'améliorent. Nous avons encore du travail à faire, mais je suis confiant que nous pouvons surmonter cette crise. »
- Marie prit la main de Jean. « Nous avons traversé tellement d'épreuves, mais nous avons aussi découvert à quel point nous sommes fort ensemble. »

- Jean hocha la tête, sentant une détermination renouvelée. « Oui, Marie. Grâce à vous tous, à Maître Lemoine, et à nos amis, nous avons une chance de reconstruire notre avenir. »
- Les défis restaient nombreux, mais avec un plan de restructuration solide et le soutien indéfectible de ceux qui croyaient en lui, Jean Dupont était prêt à affronter l'avenir avec courage et espoir.

Chapitre 9 : La Confrontation

- Confrontation directe entre Jean et M. Lemoine.

- Escalade des tensions.

- Le soleil commençait à se lever sur une nouvelle journée chargée pour Jean Dupont. Depuis la mise en place du plan de restructuration, les choses semblaient s'améliorer, mais l'ombre de l'huissier, M. Lemoine, continuait à planer sur son entreprise. Jean savait que la situation ne serait pas vraiment résolue tant qu'il n'aurait pas affronté directement M. Lemoine.
- Ce matin-là, alors qu'il arrivait au bureau, Jean trouva une note sur son bureau : « Rendez-vous à 10h. M. Lemoine. » Jean sentit une vague d'appréhension le traverser, mais il prit une profonde inspiration et se prépara mentalement pour la confrontation à venir.
- **1. Préparation mentale**
- Jean passa la première heure de la journée à rassembler tous les documents nécessaires pour prouver la bonne foi de son entreprise et la mise en œuvre réussie du plan de restructuration. Il révisa les rapports financiers, les accords avec les créanciers, et les projections futures. Maître Lemoine avait insisté sur l'importance de la transparence et de la préparation.
- À 9h45, Maître Lemoine arriva au bureau. « Jean, êtes-vous prêt pour cette réunion ? »
- « Aussi prêt que je peux l'être, » répondit Jean en se levant de son bureau. « Merci d'être là, Maître Lemoine. Votre présence est rassurante. »
- Maître Lemoine sourit. « C'est pour cela que je suis là. N'oubliez pas que nous avons un plan solide et des preuves tangibles de vos efforts. »
- **2. Arrivée de M. Lemoine**
- À 10h précises, M. Lemoine arriva, accompagné de deux assistants. Sa présence imposante et son visage impassible ne laissaient aucun doute sur la gravité de la situation.

- « Monsieur Dupont, Maître Lemoine, bonjour, » dit-il en entrant dans la salle de réunion. « Je suis ici pour une inspection complète et une discussion sur l'état actuel de vos finances et de votre plan de restructuration. »
- Jean hocha la tête. « Bienvenue, Monsieur Lemoine. Nous avons préparé tous les documents nécessaires et sommes prêts à répondre à vos questions. »
- **3. Début de l'inspection**
- L'inspection débuta par une revue détaillée des rapports financiers. M. Lemoine parcourait chaque document avec une attention minutieuse, posant des questions précises et exigeant des explications détaillées.
- « Monsieur Dupont, pouvez-vous expliquer cette augmentation soudaine des coûts de production en mars ? » demanda M. Lemoine en fixant Jean d'un regard perçant.
- Jean, préparé à ce genre de questions, répondit calmement. « Oui, Monsieur Lemoine. En mars, nous avons dû investir dans des mises à jour cruciales de nos équipements pour améliorer l'efficacité et réduire les coûts à long terme. Cela fait partie de notre plan de restructuration. »
- M. Lemoine acquiesça, mais son expression resta sévère. « Très bien. Et qu'en est-il des négociations avec vos créanciers ? Avez-vous des preuves de leurs accords pour les délais supplémentaires et les réductions de dettes ? »
- Maître Lemoine intervint. « Oui, nous avons ces documents. Voici les copies des accords signés par les créanciers principaux. »
- **4. Escalade des tensions**
- À mesure que l'inspection avançait, les tensions montaient. M. Lemoine semblait déterminé à trouver la moindre faille dans le plan de Jean. Chaque question devenait de plus en plus pointue, chaque réponse était scrutée avec une suspicion croissante.
- À un moment, M. Lemoine fit une remarque qui fit monter la température dans la salle. « Monsieur Dupont, certains de vos créanciers ont exprimé des inquiétudes quant à votre capacité à respecter vos engagements. Pouvez-vous nous assurer que ces préoccupations sont infondées ? »

- Jean sentit une colère froide monter en lui. « Monsieur Lemoine, nous avons travaillé sans relâche pour respecter tous nos engagements. Les preuves sont là. Si certains créanciers ont encore des doutes, c'est peut-être parce qu'ils n'ont pas encore vu les résultats finaux. Mais nous sommes sur la bonne voie. »
- M. Lemoine le fixa longuement, puis hocha lentement la tête. « Très bien. Continuons. »
- **5. La confrontation directe**
- La tension culmina lorsque M. Lemoine remit en question l'intégrité même de Jean. « Monsieur Dupont, avez-vous toujours agi avec transparence et honnêteté dans toutes vos démarches ? »
- Jean, sentant que c'était la goutte d'eau qui faisait déborder le vase, se redressa dans son siège. « Monsieur Lemoine, depuis le début de cette crise, j'ai toujours été transparent et honnête. J'ai mis en place ce plan de restructuration non seulement pour sauver mon entreprise, mais aussi pour rembourser mes dettes de manière éthique. Si vous doutez de mon intégrité, alors vous doutez également de tous ceux qui ont cru en moi et m'ont soutenu. »
- M. Lemoine ne broncha pas. « Très bien, Monsieur Dupont. Mais comprenez que je fais simplement mon travail. Il est de mon devoir de m'assurer que toutes les parties impliquées obtiennent justice et que les créanciers soient remboursés. »
- Maître Lemoine intervint à nouveau, son ton ferme mais courtois. « Monsieur Lemoine, je pense que nous avons fourni toutes les preuves nécessaires pour montrer la bonne foi et les efforts de Monsieur Dupont. Si vous avez d'autres préoccupations, nous sommes prêts à y répondre, mais il serait injuste de remettre en question son intégrité sans preuves concrètes. »
- **6. La résolution**
- Après des heures de discussions tendues, l'inspection prit finalement fin. M. Lemoine rassembla ses documents et se leva. « Monsieur Dupont, Maître Lemoine, merci pour

votre coopération. Je vais rédiger mon rapport et le soumettre aux créanciers. »

- Jean se leva également, tendant la main à M. Lemoine. « Merci, Monsieur Lemoine. J'espère que votre rapport reflétera les efforts que nous avons déployés pour redresser la situation. »
- M. Lemoine serra la main de Jean avec une poigne ferme. « Nous verrons, Monsieur Dupont. Bonne journée. »
- Après le départ de M. Lemoine, Jean se laissa tomber sur sa chaise, épuisé. « C'était intense, » dit-il en soupirant.
- Maître Lemoine acquiesça. « Oui, mais vous vous êtes bien défendu. Nous avons fait tout ce qui était en notre pouvoir. Maintenant, nous devons attendre le rapport. »
- **7. Réactions et réflexions**
- Les jours suivants furent marqués par une attente nerveuse. Jean essayait de se concentrer sur le travail quotidien, mais l'incertitude pesait lourdement sur lui. Chaque appel téléphonique, chaque e-mail faisait monter son niveau de stress.
- Un soir, alors qu'il rentrait chez lui, Marie le prit dans ses bras. « Jean, tout va bien se passer. Tu as fait de ton mieux et tu as le soutien de tous ceux qui croient en toi. »
- Jean sourit faiblement. « Merci, Marie. C'est juste difficile d'attendre sans savoir ce qui va se passer. »
- Marie le regarda avec tendresse. « Nous avons traversé tant de choses ensemble. Peu importe ce qui arrive, nous ferons face ensemble. »
- **8. Le rapport final**
- Enfin, après une semaine d'attente, le rapport de M. Lemoine arriva. Jean le reçut par courrier, ses mains tremblant légèrement en l'ouvrant. Maître Lemoine était à ses côtés, prêt à l'aider à interpréter le contenu du document.
- « Monsieur Dupont, après une inspection complète et une revue détaillée de vos finances et de votre plan de restructuration, nous avons conclu que vos efforts pour redresser votre entreprise sont réels et substantiels. Cependant, il reste encore des préoccupations concernant

votre capacité à maintenir cette trajectoire à long terme. Nous recommandons une surveillance continue et des rapports financiers trimestriels pour assurer la transparence et la conformité. »

- Jean laissa échapper un soupir de soulagement. « C'est une bonne nouvelle, n'est-ce pas, Maître Lemoine ? »
- Maître Lemoine hocha la tête. « Oui, Jean. C'est un résultat positif. Vous avez réussi à prouver votre bonne foi et à obtenir un sursis. Maintenant, il nous reste à continuer à travailler dur et à respecter les conditions imposées. »
- **9. Réactions de l'équipe et de la famille**
- Jean réunit son équipe pour leur annoncer la nouvelle. « Nous avons réussi à passer une étape cruciale. M. Lemoine a reconnu nos efforts et nous avons obtenu un délai supplémentaire pour stabiliser nos finances. Mais ce n'est pas le moment de nous reposer sur nos lauriers. Nous devons continuer à travailler dur et à respecter nos engagements. »
- Les employés applaudirent, sentant un regain d'optimisme et de détermination. Paul, toujours présent pour soutenir Jean, se leva et prit la parole. « Jean, tu as prouvé que nous pouvons surmonter cette crise ensemble. Nous sommes tous derrière toi, prêts à faire les efforts nécessaires pour assurer l'avenir de cette entreprise. »
- Le soir, Jean rentra chez lui avec un sentiment de soulagement. Il embrassa Marie et les enfants, leur racontant les événements de la journée. « Nous avons réussi à obtenir un sursis. Cela nous donne le temps de continuer à redresser l'entreprise et à prouver que nous pouvons y arriver. »
- Marie sourit. « Je savais que tu pouvais le faire, Jean. Nous avons encore un long chemin à parcourir, mais ensemble, nous sommes plus forts. »
- **10. Perspectives d'avenir**
- Les mois suivants furent marqués par un travail acharné et une vigilance constante. Jean respecta les conditions imposées par M. Lemoine, fournissant des rapports

financiers trimestriels et assurant une transparence totale dans ses opérations.

- L'entreprise commença à montrer des signes de stabilité et de croissance. Les nouveaux contrats commerciaux apportaient des revenus réguliers, et les mesures de réduction des coûts avaient un impact positif sur les marges bénéficiaires. Jean, bien que toujours conscient des défis à venir, sentait une nouvelle confiance en lui et en son équipe.

- Un jour, alors qu'il faisait le point avec Maître Lemoine, ce dernier lui dit : « Jean, vous avez parcouru un long chemin depuis que nous avons commencé ce plan de restructuration. Vos efforts sont remarquables et les résultats parlent d'eux-mêmes. Continuez ainsi, et je suis sûr que vous réussirez à surmonter tous les obstacles. »

- Jean hocha la tête, reconnaissant pour le soutien inébranlable de Maître Lemoine. « Merci, Maître Lemoine. Votre aide a été inestimable. Je sais que nous avons encore beaucoup de travail à faire, mais je suis confiant que nous pouvons y arriver. »

- En réfléchissant à tout ce qu'il avait traversé, Jean se rendit compte que la confrontation avec M. Lemoine avait été une étape cruciale dans son parcours. Elle lui avait permis de prouver sa détermination et son intégrité, de renforcer sa résilience et de solidifier le soutien de ceux qui croyaient en lui.

- La route restait incertaine, mais Jean Dupont était prêt à affronter l'avenir avec courage et espoir, sachant qu'il n'était pas seul dans cette lutte. Avec sa famille, ses amis, ses collègues et Maître Lemoine à ses côtés, il était déterminé à construire un avenir meilleur pour lui-même et pour son entreprise.

Chapitre 10 : Impact Psychologique

- Jean commence à montrer des signes de dépression.

- Sa famille s'inquiète de plus en plus.

- La lumière du matin filtrait à travers les rideaux légèrement tirés du bureau de Jean Dupont, mais le jour n'apportait aucune chaleur réconfortante à son esprit tourmenté. Les semaines précédentes avaient été marquées par des succès partiels et des victoires, mais l'ombre persistante de la pression financière et des exigences implacables de l'huissier commençait à peser lourdement sur Jean.

- Loin des yeux des employés et des créanciers, loin des sourires de soutien de ses amis et collègues, Jean se retrouvait seul avec ses pensées, ses doutes et son épuisement croissant. L'impact psychologique de cette crise commençait à se faire sentir de manière plus profonde et plus alarmante.

- **1. Les premiers signes de détérioration**

- Les signes de dépression chez Jean se manifestèrent progressivement. Au début, il s'agissait de petites choses : une fatigue persistante, des troubles du sommeil, et un manque d'intérêt pour des activités qu'il avait autrefois trouvées joyeuses. Il avait du mal à se lever le matin et son appétit fluctuait. Ses collègues remarquèrent qu'il était souvent distant et qu'il avait perdu son enthousiasme habituel.

- Jean essayait de garder une façade de détermination et de contrôle, mais ses efforts pour maintenir l'apparence de normalité étaient de plus en plus difficiles. Le stress incessant et les inquiétudes concernant l'avenir de son entreprise commençaient à miner son moral. Les pensées négatives se faisaient de plus en plus fréquentes, et il se surprenait à douter de ses capacités, se demandant s'il était capable de mener son entreprise à travers cette tempête.

- **2. Les conversations difficiles avec sa famille**

- Les membres de la famille de Jean commencèrent à s'inquiéter de son état. Marie, sa femme, avait remarqué les changements dans son comportement. Elle le voyait rentrer tard tous les jours, souvent épuisé, et elle percevait le désespoir dans ses yeux. Ses enfants, bien qu'encore jeunes, ressentaient l'atmosphère tendue à la maison. Ils remarquaient l'absence de sourires sur le visage de leur père et la diminution des moments de bonheur en famille.

- Une nuit, alors qu'ils étaient seuls dans leur chambre, Marie se tourna vers Jean avec une expression de préoccupation.

- « Jean, il faut qu'on parle, » dit-elle doucement. « Je vois que tu ne vas pas bien. Tu es souvent épuisé, tu te renfermes sur toi-même, et tu sembles constamment préoccupé. Je comprends que les choses sont difficiles, mais nous devons en parler. »

- Jean baissa les yeux, sa voix tremblant légèrement. « Marie, je ne sais pas comment te dire ça. Je me sens accablé. Je me demande si je vais réussir à redresser l'entreprise. Parfois, je me demande si je ne suis pas en train de tout perdre. »

- Marie posa sa main sur la sienne, essayant de lui offrir du réconfort. « Jean, nous avons traversé tant de choses ensemble. Nous avons surmonté des épreuves difficiles, et je crois en toi. Mais tu ne peux pas tout affronter seul. Il est important que nous trouvions un moyen de surmonter cette crise ensemble. Peut-être que tu pourrais parler à un professionnel. »

- Jean secoua la tête, luttant pour retenir ses larmes. « Je ne veux pas te charger davantage. Je veux juste que tout s'arrange. »

- **3. La détérioration continue**

- Malgré les encouragements de Marie et les tentatives pour maintenir une façade de normalité, la situation de Jean continua à se détériorer. Ses nuits étaient hantées par des insomnies et des cauchemars récurrents. Il se réveillait souvent en sueur, son cœur battant à tout rompre, les pensées tourmentées par des scénarios catastrophiques concernant l'avenir de son entreprise.

- Ses collègues et amis commencèrent également à remarquer des changements notables dans son comportement. Lors d'une réunion avec ses employés, il fut difficile pour eux de ne pas remarquer la fatigue écrasante dans sa voix et le manque de motivation dans ses discours. Les décisions devenaient plus difficiles à prendre, et les interactions avec les autres semblaient de plus en plus pénibles pour Jean.

- Un jour, lors d'une réunion avec un consultant financier, Jean fut incapable de se concentrer. Le consultant lui proposait des solutions pour améliorer la trésorerie de l'entreprise, mais Jean était tellement distrait par ses pensées que ses réponses étaient vagues et peu convaincantes.
- « Jean, est-ce que tout va bien ? » demanda le consultant avec inquiétude. « Vous semblez préoccupé. »
- Jean secoua la tête, essayant de se ressaisir. « Je suis désolé, c'est juste que j'ai beaucoup de choses en tête en ce moment. Je vais essayer de me concentrer davantage. »
- **4. L'angoisse croissante**
- Les signes de dépression de Jean étaient maintenant évidents. Il ressentait une anxiété constante, une sensation de vide intérieur qui semblait impossible à combler. Ses pensées étaient envahies par des scénarios pessimistes, et il avait du mal à imaginer une issue favorable à la crise. Les préoccupations financières semblaient se transformer en une angoisse omniprésente, affectant non seulement son état d'esprit mais aussi sa capacité à fonctionner normalement.
- Jean évitait les interactions sociales et les événements familiaux, se retirant de ses proches et de ses amis. Il passait des heures seul dans son bureau, révisant des documents financiers et tentant de trouver des solutions, mais il se sentait de plus en plus accablé par la tâche qui lui semblait insurmontable.
- Les moments de joie et de détente devenaient rares. Les sorties en famille, autrefois des sources de bonheur, étaient désormais des occasions de stress, car Jean était constamment préoccupé par ses problèmes. Il se surprenait à être irritable et à s'énerver pour des choses mineures, ce qui créait des tensions supplémentaires à la maison.

- **5. La réaction de Marie**
- Marie, désemparée par la détérioration de l'état mental de son mari, décida de prendre des mesures concrètes. Elle contacta un thérapeute spécialisé dans les troubles du stress et de l'anxiété et prit rendez-vous pour Jean, espérant que cette intervention pourrait lui apporter un soulagement et une perspective nouvelle.
- Lorsqu'elle proposa à Jean de consulter un professionnel, il réagit d'abord avec réticence. « Marie, je ne sais pas si cela va aider. Je suis tellement pris par tout ce qui se passe, je ne vois pas comment parler à quelqu'un pourrait résoudre mes problèmes. »
- Marie insista doucement. « Jean, tu ne peux pas continuer comme ça. Parler à quelqu'un pourrait vraiment t'aider à voir les choses sous un autre angle. Il ne s'agit pas seulement de trouver des solutions à nos problèmes financiers, mais aussi de prendre soin de toi. Nous avons besoin de toi, et tu as besoin de prendre soin de toi aussi. »
- Jean finit par accepter, bien qu'il fût sceptique quant aux bienfaits potentiels de la thérapie. Il se rendit au rendez-vous avec une attitude réservée, mais aussi avec un petit espoir que cela pourrait offrir un répit dans son tourbillon émotionnel.
- **6. Les premiers pas vers la guérison**
- La première séance avec le thérapeute fut difficile pour Jean. Il trouva difficile de parler ouvertement de ses émotions et de ses peurs, mais il se rendit compte que mettre des mots sur ses sentiments était déjà un pas vers la libération. Le thérapeute l'écouta attentivement, lui posant des questions qui l'aidèrent à explorer et à comprendre ses émotions.
- Au fil des séances, Jean commença à apprendre des techniques de gestion du stress et à développer une meilleure compréhension de ses mécanismes de pensée. Il apprit à identifier les déclencheurs de son anxiété et à adopter des stratégies pour faire face à ses pensées négatives. La thérapie lui offrit un espace pour exprimer ses

frustrations et pour trouver des moyens constructifs de gérer sa situation.

- Jean commença également à mettre en pratique les conseils reçus pendant les séances, en essayant de prendre du temps pour lui-même et de rétablir un équilibre entre le travail et la vie personnelle. Il chercha à s'impliquer davantage dans des activités qu'il avait auparavant négligées, telles que le sport et les loisirs créatifs, afin de retrouver une certaine forme de bien-être émotionnel.

- **7. L'impact sur la famille**

- Le processus de guérison de Jean eut un impact positif sur sa famille. Marie et les enfants remarquèrent un changement dans son attitude. Bien que Jean n'eût pas encore complètement surmonté ses difficultés, il commença à montrer des signes d'amélioration. Sa patience et son enthousiasme retrouvés apportèrent un nouvel élan à la dynamique familiale.

- Les soirées en famille devinrent plus agréables, et les moments de qualité avec les enfants furent de retour. Jean se réengagea dans les activités familiales, et il trouva du réconfort dans les échanges sincères et les moments de complicité avec ses proches.

- Marie ressentit également un soulagement en voyant son mari retrouver une certaine forme d'équilibre. Elle continua à le soutenir et à l'encourager, tout en veillant à maintenir une communication ouverte et honnête au sein de la famille.

- **8. Réflexion sur le parcours**

- En réfléchissant à son parcours, Jean réalisa que la crise financière avait non seulement affecté son entreprise mais aussi sa santé mentale et ses relations personnelles. Il comprit que le stress avait des répercussions profondes et qu'il était essentiel de prendre soin de lui-même pour pouvoir continuer à prendre soin de son entreprise et de sa famille.

- Jean se rendit compte que la confrontation avec ses propres limites et ses émotions avait été une étape cruciale dans son voyage. Bien que le chemin de la guérison fût encore semé d'embûches, il se sentait plus préparé à affronter les défis avec une perspective renouvelée et une résilience accrue.

- Avec l'aide de sa famille, de ses amis, et de son thérapeute, Jean était déterminé à continuer sur la voie de la guérison, tout en cherchant à stabiliser son entreprise. Il savait que le chemin serait long, mais il était prêt à faire face aux obstacles avec une force intérieure retrouvée et une détermination renouvelée.
- L'impact psychologique de la crise avait été profond, mais il avait aussi offert à Jean une occasion de grandir et de se réinventer. Alors qu'il avançait vers l'avenir, il était conscient que prendre soin de sa santé mentale était tout aussi crucial que résoudre les problèmes financiers de son entreprise. Le voyage de guérison était loin d'être terminé, mais Jean Dupont était prêt à le poursuivre avec espoir et courage.

Chapitre 11 : La Menace de la Saisie

- M. Lemoine menace de saisir les biens de l'entreprise.

- Jean tente désespérément de trouver une solution.

- L'aube se levait à peine lorsque Jean Dupont se réveilla, un nœud d'angoisse se resserrant dans son estomac. Les premiers rayons de soleil n'avaient pas encore réussi à percer la couche de nuages gris qui semblait symboliser la lourdeur de ses soucis. La veille, il avait reçu une lettre menaçante de Maître Lemoine, l'huissier impitoyable qui avait pris la responsabilité de son dossier. La lettre annonçait une menace imminente de saisie des biens de son entreprise si les dettes n'étaient pas réglées sous peu.

- **1. La lettre de menace**
- Jean se leva, les yeux cernés par une nuit d'insomnie. Il se dirigea vers son bureau, où la lettre reposait, impitoyable rappel de l'urgence de sa situation. Le papier était d'un blanc clinique, et les mots semblaient crier leur menace à chaque ligne.

- _"Monsieur Dupont,
- Conformément à nos précédents échanges et à l'absence de règlement de vos dettes, je vous informe que, sans paiement immédiat, une saisie des biens de votre entreprise sera effectuée. Cette mesure prendra effet dans un délai de sept jours, sauf si un règlement intégral est effectué avant cette date.

- Veuillez agréer, Monsieur, l'expression de mes salutations distinguées.

- M. Lemoine, Huissier de Justice"._

- Jean relut la lettre plusieurs fois, espérant y trouver une solution cachée ou une lueur d'espoir. Mais chaque relecture ne faisait que renforcer la gravité de la situation. Il était désespéré et conscient que le temps jouait contre lui.

- **2. La réunion de crise**
- Jean convoqua une réunion de crise avec ses principaux collaborateurs et son avocat, Maître Rousseau, pour discuter des options disponibles. Autour de la table de

conférence, l'atmosphère était tendue. Chacun des participants sentait l'importance du moment, et les visages étaient graves.

- « Nous devons trouver une solution, » commença Jean, sa voix tremblant légèrement. « Nous avons sept jours avant que Lemoine n'entame la saisie de nos biens. Quelles sont nos options ? »
- Maître Rousseau prit la parole. « Jean, nous avons quelques possibilités, mais aucune n'est garantie. Nous pouvons essayer de négocier un délai supplémentaire, bien que cela semble peu probable étant donné la fermeté de Lemoine. Nous pourrions également explorer la possibilité de lever des fonds rapidement, soit par des prêts d'urgence, soit en trouvant des investisseurs prêts à nous aider à court terme. »
- Un de ses collaborateurs, Paul, suggéra une vente rapide de certains actifs non essentiels pour générer des liquidités. « Cela pourrait nous donner un peu de répit, » proposa-t-il.
- Jean acquiesça, mais il savait que chaque solution comportait des risques et des incertitudes. « D'accord, mettons-nous au travail. Paul, commencez à identifier les actifs que nous pourrions vendre rapidement. Maître Rousseau, contactez Lemoine et voyez si nous pouvons obtenir une prolongation, même d'une semaine. Quant à moi, je vais explorer toutes les pistes possibles pour trouver des fonds. »
- **3. La course contre la montre**
- Jean passa les jours suivants à explorer toutes les avenues possibles pour lever des fonds. Il contacta des banques, des investisseurs potentiels, et même des amis et des membres de sa famille. Chaque refus augmentait son désespoir. Les banques étaient réticentes à prêter à une entreprise en difficulté, les investisseurs étaient prudents, et ses amis et sa famille n'avaient pas les moyens de l'aider à l'échelle nécessaire.
- Pendant ce temps, Paul et l'équipe travaillaient d'arrache-pied pour identifier et vendre des actifs non essentiels. Ils réussirent à vendre quelques machines et des équipements

informatiques, mais les fonds récoltés étaient loin de suffire pour couvrir la totalité de la dette.

- Maître Rousseau parvint à obtenir une rencontre avec Lemoine, mais ce dernier resta inflexible. « Monsieur Dupont, » déclara Lemoine, « j'ai déjà accordé plusieurs délais. Sans paiement intégral, la saisie sera inévitable. »
- Jean, désespéré, tenta de plaider sa cause. « Maître Lemoine, je vous en prie. Nous faisons de notre mieux pour rassembler les fonds nécessaires. Un délai supplémentaire pourrait faire toute la différence. »
- Lemoine secoua la tête. « Je comprends votre situation, Monsieur Dupont, mais j'ai des obligations légales et des responsabilités envers vos créanciers. Je ne peux pas accorder un nouveau délai sans garantie de paiement. »
- **4. L'ultime tentative**
- Alors que le délai se rapprochait dangereusement, Jean se tourna vers une ultime tentative désespérée. Il décida de contacter une société de financement spécialisée dans les situations d'urgence. Ces sociétés, bien que connues pour leurs taux d'intérêt élevés, pouvaient parfois offrir des solutions rapides pour lever des fonds.
- Jean prit rendez-vous avec le directeur de cette société, un homme nommé Philippe Leblanc. Lors de leur rencontre, Jean expliqua sa situation en détail, espérant trouver une oreille compréhensive.
- « Monsieur Leblanc, » implora Jean, « ma situation est critique. Je dois lever des fonds en quelques jours pour éviter la saisie de mon entreprise. Je suis prêt à accepter des conditions difficiles si cela signifie sauver mon entreprise. »
- Leblanc écouta attentivement, puis répondit d'une voix mesurée. « Monsieur Dupont, je comprends votre détresse. Notre société peut effectivement fournir des financements d'urgence, mais je dois vous avertir que les conditions seront strictes et les taux d'intérêt élevés. »
- Jean hocha la tête. « Je comprends. Je suis prêt à accepter ces conditions. »

- Après un examen approfondi des finances de l'entreprise, Leblanc proposa un prêt à court terme avec des taux d'intérêt élevés, mais qui pourrait fournir les fonds nécessaires pour éviter la saisie. Jean accepta l'offre, malgré les termes difficiles, reconnaissant que cela pourrait être la seule option pour gagner du temps et restructurer son entreprise.
- **5. La confrontation finale**
- Avec les fonds du prêt d'urgence en main, Jean se précipita pour régler les dettes les plus urgentes et éviter la saisie imminente. Il contacta Maître Lemoine pour l'informer des paiements effectués.
- « Monsieur Lemoine, » dit Jean, la voix pleine d'espoir, « j'ai réussi à lever les fonds nécessaires. Les paiements seront effectués aujourd'hui. Je vous demande de reconsidérer la saisie et de nous accorder le temps nécessaire pour finaliser notre restructuration. »
- Lemoine, après avoir vérifié les transactions, accepta d'annuler la saisie. « Monsieur Dupont, » dit-il, « je reconnais vos efforts et je vous félicite pour avoir trouvé une solution dans des circonstances difficiles. Cependant, sachez que vous êtes maintenant sous une surveillance accrue. Tout retard de paiement futur sera traité avec la même rigueur. »
- Jean soupira de soulagement, conscient que la bataille était loin d'être terminée, mais qu'il avait réussi à éviter le pire. Il remercia Lemoine et retourna à son bureau, la tête pleine de nouveaux plans et de stratégies pour assurer la survie et la croissance de son entreprise.
- **6. Réflexion et préparation pour l'avenir**
- La menace de saisie avait été un moment d'épreuve pour Jean, un test de sa résilience et de sa détermination. Il réalisa que, malgré les nombreux défis, il avait réussi à mobiliser des ressources et à trouver des solutions pour éviter la catastrophe. Cette expérience le marqua profondément, renforçant sa volonté de ne jamais abandonner.

- Jean décida de mettre en place des mesures pour éviter de se retrouver à nouveau dans une situation aussi précaire. Il intensifia les efforts de restructuration financière de son entreprise, cherchant à diversifier les sources de revenus et à réduire les coûts. Il mit également en place un suivi rigoureux de la trésorerie pour anticiper et prévenir les problèmes futurs.
- Il s'efforça également de maintenir une communication ouverte avec ses employés, les informant des défis et des progrès réalisés. Il savait que la transparence et le soutien de son équipe seraient essentiels pour traverser cette période difficile.
- **7. Soutien et reconnaissance**
- Jean n'aurait pas pu surmonter cette épreuve sans le soutien inébranlable de sa famille, de ses amis et de ses collaborateurs. Il prit le temps de remercier chacun d'entre eux, reconnaissant l'importance de leur soutien moral et pratique.
- Il remercia particulièrement Marie, dont la patience et le soutien avaient été inestimables. Leur relation s'était renforcée à travers cette épreuve, et ils étaient plus unis que jamais dans leur détermination à surmonter les obstacles ensemble.
- Jean remercia également Maître Rousseau pour son expertise juridique et ses conseils stratégiques, ainsi que Paul et l'équipe pour leur dévouement et leur travail acharné dans la vente des actifs et la recherche de solutions.
- **8. Leçons apprises et perspectives d'avenir**
- Cette crise avait été une période de profondes leçons pour Jean. Il avait appris l'importance de la résilience, de la flexibilité et de la préparation. Il comprit qu'en tant qu'entrepreneur, il devait être prêt à faire face à des défis imprévus et à trouver des solutions créatives pour surmonter les obstacles.
- Jean réalisa également l'importance de la santé mentale et du soutien émotionnel. Les séances de thérapie l'avaient aidé à gérer son stress et à développer des stratégies pour faire face à l'anxiété. Il s'engagea à continuer à prendre

soin de sa santé mentale et à chercher du soutien en cas de besoin.

- Avec une perspective renouvelée, Jean se préparait à affronter l'avenir avec détermination et espoir. La menace de saisie avait été un moment critique, mais il avait réussi à le surmonter grâce à sa persévérance et au soutien de ceux qui l'entouraient.
- Jean Dupont, malgré les épreuves, regardait vers l'avenir avec optimisme, prêt à relever les défis et à bâtir un avenir meilleur pour son entreprise et sa famille.

Chapitre 12 : L'Ultimatum

- Ultimatum de l'huissier pour le paiement de la dette.

- Jean explore des solutions extrêmes.

- Les jours étaient devenus de plus en plus sombres pour Jean Dupont, non seulement à cause des nuages gris qui semblaient toujours suspendus au-dessus de sa tête, mais surtout à cause de l'épée de Damoclès qui pendait dangereusement au-dessus de son entreprise. Après avoir réussi à éviter une première saisie grâce à un prêt d'urgence, Jean se trouvait maintenant face à une nouvelle menace encore plus pressante : un ultimatum de l'huissier Maître Lemoine.
- **1. La réception de l'ultimatum**
- Un matin, alors que Jean s'efforçait de se concentrer sur son travail, un courrier recommandé arriva à son bureau. C'était une lettre officielle de Maître Lemoine. Il sentait déjà que cette lettre n'apportait rien de bon. Il ouvrit l'enveloppe avec des mains tremblantes, son cœur battant à tout rompre. Le contenu de la lettre était direct et sans équivoque.
- _"Monsieur Dupont,
- Suite à nos précédents échanges et à l'insuffisance des paiements effectués, je vous informe que vous disposez d'un délai de quinze jours pour régler l'intégralité de la dette restant due. À défaut, nous procéderons à la saisie de tous les biens de votre entreprise sans possibilité de recours supplémentaire.
- Veuillez agréer, Monsieur, l'expression de mes salutations distinguées.
- M. Lemoine, Huissier de Justice"._
- Jean sentit le sol se dérober sous ses pieds. Quinze jours. Seulement quinze jours pour trouver une solution. Le poids de cette nouvelle pression était presque écrasant.
- **2. Réunion d'urgence avec l'équipe**
- Jean convoqua immédiatement une réunion d'urgence avec son équipe de direction, Maître Rousseau et Paul, ainsi que

quelques autres collaborateurs de confiance. La tension dans la salle de conférence était palpable.

- « Nous sommes de nouveau dans une situation critique, » commença Jean, essayant de garder sa voix stable. « Nous avons quinze jours pour régler cette dette ou nous perdrons tout. Nous devons explorer toutes les options, même les plus extrêmes. »
- Maître Rousseau prit la parole. « Jean, nous devons envisager toutes les avenues, y compris certaines qui pourraient être douloureuses à court terme mais nécessaires pour la survie à long terme. Nous pourrions explorer la vente d'une partie de l'entreprise, chercher des investisseurs à court terme, ou même envisager une procédure de sauvegarde judiciaire. »
- Paul hocha la tête. « Jean, nous avons déjà vendu beaucoup de nos actifs non essentiels. La vente d'une partie de l'entreprise pourrait nous donner le temps nécessaire, mais cela signifie que nous devrons réduire nos opérations et probablement licencier des employés. »
- Jean écoutait attentivement, son esprit tournoyant à la recherche de solutions. Chaque option semblait comporter des risques énormes, mais il savait qu'il devait prendre une décision rapide et décisive.
- **3. Exploration des solutions extrêmes**
- Jean passa les jours suivants à explorer toutes les options possibles. Il consulta des experts en finance, des consultants en gestion de crise, et même des entrepreneurs qui avaient traversé des situations similaires. Chacune de ces rencontres ajoutait des pièces au puzzle complexe qu'il essayait de résoudre.
- Il se rendit également à une banque locale pour discuter d'un prêt supplémentaire. Le directeur de la banque, bien que sympathique, lui expliqua que la situation financière de l'entreprise rendait l'octroi d'un nouveau prêt très risqué.
- « Monsieur Dupont, » dit le banquier, « nous comprenons votre situation, mais accorder un nouveau prêt dans ces conditions serait contraire à nos politiques de gestion des

risques. Cependant, nous pouvons vous offrir des conseils financiers pour mieux structurer votre dette actuelle. »

- Jean quitta la banque avec un sentiment de désespoir croissant. Les solutions traditionnelles semblaient se refermer une à une. Il se tourna alors vers des solutions plus radicales.
- **4. La vente d'une partie de l'entreprise**
- Une option extrême, mais potentiellement salvatrice, était de vendre une partie de l'entreprise. Jean savait que cela signifierait réduire la taille de ses opérations et peut-être licencier des employés, mais cela pourrait lui donner le temps nécessaire pour stabiliser les finances de l'entreprise.
- Il contacta plusieurs acheteurs potentiels et organisa des réunions pour discuter de la vente d'une partie de ses actifs. Les négociations étaient difficiles, chaque partie cherchant à tirer le maximum de bénéfices de la transaction. Jean savait qu'il devait trouver un équilibre entre obtenir suffisamment de fonds pour rembourser ses dettes et ne pas brader son entreprise.
- Lors d'une de ces réunions, un acheteur potentiel, Monsieur Lebrun, fit une offre intéressante mais exigea une réponse rapide. « Monsieur Dupont, » dit Lebrun, « nous sommes prêts à acheter votre division de production pour une somme substantielle, mais nous avons besoin d'une réponse sous cinq jours. »
- Jean était confronté à un dilemme. Accepter l'offre signifiait perdre une partie cruciale de son entreprise, mais refuser pourrait entraîner la faillite totale.
- **5. La recherche d'investisseurs**
- En parallèle, Jean explorait également la possibilité de trouver des investisseurs à court terme. Il contacta des fonds d'investissement spécialisés dans le redressement des entreprises en difficulté. Ces fonds avaient l'avantage de pouvoir injecter rapidement des capitaux, mais ils exigeaient souvent des conditions strictes, y compris un contrôle significatif sur les opérations de l'entreprise.
- Jean rencontra plusieurs représentants de ces fonds, leur présentant les perspectives de redressement de son

entreprise. Lors d'une de ces rencontres, un investisseur nommé Madame Bouvier exprima son intérêt, mais avec des conditions rigoureuses.

- « Monsieur Dupont, » commença-t-elle, « nous croyons en votre capacité à redresser cette entreprise, mais nous aurons besoin d'une part majoritaire pour sécuriser notre investissement. Cela signifie que vous devrez céder le contrôle de certaines décisions stratégiques. »
- Jean comprit que cela signifiait sacrifier une partie de son autonomie, mais il était prêt à tout pour sauver son entreprise et les emplois de ses employés.
- **6. L'ultime décision**
- Avec le temps qui s'écoulait rapidement, Jean se retrouvait à devoir prendre une décision cruciale. Il réunit de nouveau son équipe pour discuter des options disponibles. Chacune d'entre elles comportait des sacrifices, mais il savait que ne rien faire n'était pas une option.
- « J'ai décidé, » commença Jean, le regard déterminé. « Nous allons vendre une partie de notre division de production à Monsieur Lebrun. Cela nous donnera les fonds nécessaires pour régler une partie de la dette immédiatement. En parallèle, nous allons accepter l'investissement de Madame Bouvier, même si cela signifie céder une part majoritaire. Nous devons survivre à court terme pour pouvoir nous redresser à long terme. »
- L'équipe acquiesça, reconnaissant la difficulté de la décision mais soutenant la détermination de Jean. Les jours suivants furent consacrés à finaliser les accords de vente et d'investissement. Les réunions étaient intenses, et chaque détail devait être minutieusement négocié pour assurer la meilleure issue possible.
- **7. L'annonce aux employés**
- Jean savait que l'annonce de ces décisions allait être difficile, surtout en ce qui concernait la vente de la division de production et les possibles licenciements. Il organisa une réunion générale avec tous les employés pour leur expliquer la situation et les mesures prises.

- « Chers collaborateurs, » commença Jean, « nous traversons une période extrêmement difficile. Pour assurer la survie de notre entreprise, nous avons dû prendre des décisions difficiles. Nous allons vendre une partie de notre division de production et accueillir de nouveaux investisseurs. Cela signifie que certains d'entre vous seront malheureusement affectés par ces changements. »
- L'atmosphère dans la salle était sombre. Les employés écoutaient en silence, certains avec des larmes aux yeux. Jean ressentait leur douleur et leur inquiétude, mais il savait que ces mesures étaient nécessaires pour sauver le reste de l'entreprise.
- « Je tiens à vous remercier pour votre travail acharné et votre dévouement, » continua Jean. « Nous faisons tout notre possible pour minimiser l'impact sur chacun d'entre vous et pour vous offrir le soutien nécessaire pendant cette transition. »

8. La réaction de Maître Lemoine

- Jean contacta Maître Lemoine pour l'informer des mesures prises et des paiements effectués grâce à la vente de la division de production. Lors de leur rencontre, il lui présenta les preuves de transaction et les plans de restructuration.
- Lemoine examina les documents avec attention, puis releva les yeux vers Jean. « Monsieur Dupont, » dit-il, « je vois que vous avez pris des mesures drastiques pour résoudre cette situation. En tant qu'huissier, mon rôle est de m'assurer que les dettes sont réglées. Vos efforts sont notables, et je vais informer les créanciers de votre plan de paiement. »
- Jean ressentit un mélange de soulagement et de tristesse. Il avait réussi à éviter la saisie, mais au prix de sacrifices considérables.

9. Réflexion et préparation pour l'avenir

- Les jours qui suivirent furent consacrés à la mise en œuvre des nouveaux accords et à la gestion des transitions. Jean travailla sans relâche pour stabiliser l'entreprise et pour assurer une communication ouverte avec ses employés et les nouveaux investisseurs.

- Il savait que la route serait encore longue et semée d'embûches, mais il se sentait renforcé par les épreuves traversées. Il avait appris l'importance de la résilience, de la flexibilité et de la prise de décisions difficiles pour assurer la survie de son entreprise.
- Jean se tourna également vers des experts en gestion de crise pour obtenir des conseils sur la meilleure façon de restructurer et de redresser son entreprise à long terme. Il s'engagea à adopter une approche plus proactive et à anticiper les problèmes financiers pour éviter de se retrouver à nouveau dans une situation aussi précaire.
- **10. Conclusion : Un nouveau départ**
- Jean Dupont, malgré les épreuves et les sacrifices, regardait vers l'avenir avec un nouvel espoir et une détermination renouvelée. L'ultimatum de Maître Lemoine avait été un test crucial, mais il avait réussi à trouver des solutions extrêmes pour sauver son entreprise.
- Il était conscient que le chemin serait encore long et difficile, mais il était prêt à affronter les défis avec une nouvelle perspective. Jean savait que, grâce au soutien de son équipe, de sa famille, et des nouveaux investisseurs, il pourrait reconstruire son entreprise et créer un avenir meilleur.
- Avec un cœur plein de gratitude et de détermination, Jean se préparait à ce nouveau départ, prêt à transformer les leçons apprises en succès durable et à mener son entreprise vers de nouveaux sommets.

Chapitre 13 : L'Effondrement

- L'entreprise de Jean est saisie.

- Jean perd tout ce qu'il a construit.

- Le temps semblait s'être figé pour Jean Dupont, alors que les derniers vestiges de son entreprise lui échappaient inexorablement. Malgré tous ses efforts, les sacrifices consentis et les décisions difficiles prises, le sort s'acharnait sur lui. La saisie de son entreprise, orchestrée par Maître Lemoine, devenait une réalité implacable. C'était le début de la fin pour Jean, qui voyait tout ce qu'il avait construit s'effondrer comme un château de cartes.

- **1. L'annonce de la saisie**

- Jean se souvenait encore de ce jour comme si c'était hier. Il était assis à son bureau, entouré de piles de documents, lorsqu'il reçut l'appel fatidique. C'était Maître Lemoine, la voix froide et impersonnelle.

- *"Monsieur Dupont, après une évaluation approfondie de votre situation financière et des paiements effectués, nous sommes contraints de procéder à la saisie de votre entreprise. Vous avez jusqu'à la fin de la semaine pour évacuer les locaux et préparer vos employés à cette transition."*

- Ces mots résonnaient dans sa tête, chaque syllabe accentuant l'irréversibilité de la situation. Jean sentit une vague de désespoir l'envahir. Il s'était battu si dur, avait fait tant de sacrifices, pour finalement tout perdre. Les murs de son bureau semblaient se refermer sur lui, et il lutta pour retenir les larmes qui menaçaient de couler.

- **2. L'annonce aux employés**

- Jean savait qu'il devait informer ses employés, ceux qui avaient travaillé à ses côtés et qui avaient cru en lui. La tâche était déchirante. Réunissant tout son courage, il convoqua une réunion générale. La salle de conférence était étrangement silencieuse, l'atmosphère lourde de l'attente.

- « Mes chers collègues, » commença Jean, sa voix tremblante d'émotion, « c'est avec un immense regret que je dois vous annoncer que notre entreprise sera saisie. Nous avons jusqu'à la fin de la semaine pour évacuer les locaux. Je suis profondément désolé pour ce que cela signifie pour chacun d'entre vous. »

- Les réactions furent variées : des murmures de choc, des expressions d'incrédulité, et quelques sanglots étouffés. Jean ressentait la douleur collective comme un poignard dans son cœur. « Je vous remercie tous pour votre dévouement et votre travail acharné. Nous avons fait de notre mieux, mais malheureusement, cela n'a pas suffi. »
- Les visages abattus de ses employés hantaient Jean. Il se sentait responsable de leur sort, bien qu'il sache qu'il avait tout essayé. La culpabilité le rongeait.

- **3. L'intervention de l'huissier**
- Le jour de la saisie arriva plus vite que Jean ne l'aurait cru possible. Maître Lemoine et son équipe se présentèrent aux bureaux de l'entreprise avec une efficacité froide et méthodique. Les employés, les yeux rougis par les larmes, observaient en silence alors que les actifs de l'entreprise étaient inventoriés et saisis.
- Lemoine s'approcha de Jean, un regard de pitié dans ses yeux. « Monsieur Dupont, je suis désolé que cela en soit arrivé là. Mais je dois accomplir mon devoir. » Jean hocha la tête, incapable de trouver les mots pour répondre.
- Il se tenait là, impuissant, tandis que tout ce qu'il avait construit au fil des années était démantelé sous ses yeux. Les bureaux, les machines, les ordinateurs, tout ce qui représentait son travail acharné et sa passion, était emporté. C'était comme si une partie de lui-même était arrachée.

- **4. La réaction de la famille**
- Jean rentra chez lui ce soir-là, épuisé et brisé. Marie l'attendait, l'inquiétude gravée sur son visage. Elle l'accueillit avec une étreinte silencieuse, sentant immédiatement la gravité de la situation.
- « C'est fini, Marie, » murmura Jean, les larmes coulant finalement. « Ils ont tout pris. »
- Marie le serra plus fort, cherchant les mots pour le réconforter, mais elle savait que rien ne pouvait atténuer la

douleur de cette perte. « Nous trouverons un moyen de surmonter cela, Jean. Nous sommes ensemble, et c'est ce qui compte le plus. »

- Les jours qui suivirent furent marqués par un silence lourd à la maison. Les enfants, trop jeunes pour comprendre pleinement, ressentaient néanmoins la tension et la tristesse de leurs parents. Jean s'efforçait de maintenir une façade de normalité, mais il sentait son monde s'écrouler.
- **5. Les conséquences financières**
- Avec la saisie de l'entreprise, les difficultés financières de Jean et de sa famille s'intensifièrent. Les revenus qui avaient autrefois soutenu leur mode de vie confortable avaient disparu, et les dettes s'accumulaient. Jean se retrouvait à faire face à des factures impayées, des appels de créanciers, et une pression financière croissante.
- Il dut prendre des mesures drastiques pour réduire les dépenses. La famille déménagea dans une maison plus petite, vendit des biens non essentiels, et adopta un mode de vie beaucoup plus frugal. Les enfants, bien que compréhensifs, ressentaient l'impact des changements.
- « Papa, pourquoi devons-nous quitter notre maison ? » demanda un jour son fils, les yeux pleins d'incompréhension.
- Jean s'efforça de sourire. « Parce que nous devons faire des économies en ce moment, mon grand. Mais ne t'inquiète pas, nous serons bien ici aussi. »
- Mais derrière ce sourire se cachait une profonde tristesse et un sentiment de culpabilité. Jean savait qu'il devait continuer à avancer pour le bien de sa famille, mais chaque jour était une lutte contre la dépression et le désespoir.
- **6. Les démarches administratives**
- Jean passa de longues heures à gérer les démarches administratives et légales liées à la saisie de son entreprise. Les rendez-vous avec les avocats, les réunions avec les créanciers et les tentatives de négociation pour un rééchelonnement des dettes devinrent sa nouvelle réalité. Chaque interaction était un rappel douloureux de son échec.

- Maître Rousseau, fidèle à ses côtés, fit de son mieux pour soutenir Jean. « Nous allons explorer toutes les options possibles pour alléger cette charge, Jean. Vous n'êtes pas seul dans cette lutte. »
- Jean appréciait le soutien de Rousseau, mais il savait que les solutions étaient limitées. La réalité froide et implacable des chiffres ne pouvait être ignorée.
- **7. La perte d'identité**
- Perdre son entreprise, c'était perdre une partie de son identité. Jean avait consacré des années de sa vie à bâtir quelque chose dont il pouvait être fier. Maintenant, tout cela avait disparu, et il se retrouvait à se demander qui il était sans son entreprise.
- Chaque matin, il se levait avec une sensation de vide, sans but ni direction. La routine qui avait autrefois donné un sens à ses journées n'était plus là, et il se sentait perdu.
- Il chercha des moyens de se réinventer, de trouver un nouveau sens à sa vie. Mais la dépression rendait chaque tentative difficile. Jean luttait pour retrouver sa passion et sa motivation, mais les échecs répétés avaient érodé sa confiance en lui.
- **8. Le soutien des amis et des proches**
- Heureusement, Jean n'était pas complètement seul dans cette épreuve. Ses amis et ses proches firent preuve d'un soutien inestimable. Ils lui offrirent non seulement une aide matérielle, mais aussi une écoute et une compréhension précieuses.
- Un soir, Paul, son fidèle collaborateur, vint lui rendre visite. « Jean, tu es un homme fort et résilient. Ce n'est qu'un chapitre de ta vie, pas la fin de ton histoire. Nous sommes là pour toi, quoi qu'il arrive. »
- Ces mots réconfortants apportèrent une lueur d'espoir à Jean. Il savait qu'il pouvait compter sur ses amis pour l'aider à se relever, même si le chemin serait long et difficile.
- **9. Les défis psychologiques**
- Jean commença à montrer des signes de dépression plus prononcés. Les nuits d'insomnie, les pensées noires et la perte d'appétit étaient devenues monnaie courante. Marie,

inquiète pour sa santé mentale, l'encouragea à consulter un professionnel.

- Après de nombreuses hésitations, Jean accepta de voir un thérapeute. Les séances de thérapie devinrent un espace où il pouvait exprimer sa douleur, sa frustration et son sentiment de perte. Le thérapeute l'aida à comprendre que sa valeur ne se mesurait pas uniquement à ses succès professionnels, et l'encouragea à trouver de nouvelles sources de satisfaction et de bonheur.
- **10. Une nouvelle perspective**
- Au fil du temps, avec le soutien de sa famille, de ses amis et de son thérapeute, Jean commença lentement à voir la lumière au bout du tunnel. Il réalisa qu'il avait encore beaucoup à offrir, même si sa vie avait pris une direction inattendue.
- Il commença à explorer de nouvelles opportunités, envisageant des projets qui lui permettaient de mettre à profit ses compétences et son expérience sans les pressions financières écrasantes d'une grande entreprise. Il se lança dans le bénévolat, offrant son expertise à des start-ups et à des jeunes entrepreneurs, trouvant une nouvelle forme de satisfaction dans le mentorat.
- Jean Dupont, malgré l'effondrement de son entreprise et la perte de tout ce qu'il avait construit, commençait à reconstruire sa vie. Il avait appris des leçons précieuses sur la résilience, l'importance du soutien social et la capacité à se réinventer.
- La route vers la reconstruction était encore longue, mais Jean était déterminé à avancer, un pas à la fois, avec l'espoir et la conviction que, malgré les épreuves, il pouvait trouver un nouveau sens et une nouvelle direction à sa vie.

Chapitre 14 : Conséquences Légales

- Jean fait face à des poursuites judiciaires.

- Lutte pour garder sa dignité et son intégrité.

- La saisie de l'entreprise de Jean Dupont avait laissé un vide immense, mais ce n'était que le début d'une série de nouvelles épreuves. Alors que Jean commençait à peine à se relever de la perte de son entreprise, il fut confronté à des conséquences légales qui menaçaient de le plonger encore plus profondément dans le désespoir.
- **1. La réception des convocations judiciaires**
- Quelques semaines après la saisie, Jean reçut plusieurs convocations judiciaires. Ces documents, officiels et intimidants, provenaient de créanciers insatisfaits qui réclamaient des paiements additionnels pour des dettes non réglées. La réalité de ces poursuites judiciaires s'abattit sur Jean comme une nouvelle tempête.
- Assis à la table de sa cuisine, Jean feuilleta les documents, le visage blême. Chaque page semblait ajouter un poids supplémentaire à ses épaules déjà lourdes. Marie, toujours à ses côtés, posa une main réconfortante sur la sienne.
- « Jean, nous allons surmonter cela ensemble. Tu n'es pas seul dans cette épreuve. »
- Jean hocha la tête, mais l'angoisse le rongeait. Il se demandait comment il pourrait faire face à ces nouvelles batailles alors qu'il avait déjà perdu tout ce qui lui tenait à cœur.
- **2. La préparation de la défense**
- Maître Rousseau, son avocat et ami de longue date, prit en main la préparation de la défense de Jean. Les semaines qui suivirent furent remplies de réunions, de préparation de dossiers et de consultations avec divers experts pour élaborer une stratégie juridique.
- « Jean, » commença Maître Rousseau lors d'une de leurs réunions, « nous devons être prêts à défendre chaque point soulevé par les créanciers. Ils chercheront à te faire porter la responsabilité totale des dettes, mais nous devons

montrer que tu as agi de bonne foi et que les circonstances étaient au-delà de ton contrôle. »

- Jean acquiesça, bien que la perspective de se défendre en cour le terrifiait. Chaque nuit, il se tournait et se retournait dans son lit, hanté par les scénarios possibles de ce qui pourrait se passer au tribunal.
- **3. Les audiences judiciaires**
- Le jour de la première audience arriva. Jean se tenait dans la salle d'audience, entouré de son équipe juridique, essayant de maintenir une façade de calme. Les créanciers étaient représentés par leurs propres avocats, tous déterminés à récupérer leur argent.
- Le juge ouvrit la séance, et les arguments commencèrent. Les avocats des créanciers dressèrent un portrait de Jean comme étant irresponsable et négligent, cherchant à lui imputer la totalité de la responsabilité financière.
- Maître Rousseau prit la parole pour la défense. Il souligna les efforts de Jean pour sauver son entreprise, les sacrifices qu'il avait faits, et les circonstances économiques défavorables qui avaient contribué à l'effondrement.
- « Monsieur le juge, » dit Rousseau avec conviction, « Monsieur Dupont a toujours agi avec intégrité et transparence. Les défis qu'il a affrontés étaient insurmontables, malgré ses efforts acharnés pour redresser la situation. Nous demandons que cela soit pris en compte dans l'évaluation des responsabilités. »
- Les audiences s'étalèrent sur plusieurs semaines, chaque session étant une nouvelle épreuve pour Jean. Il était épuisé, tant physiquement qu'émotionnellement, mais il savait qu'il devait continuer à se battre.
- **4. Le soutien moral**
- Pendant cette période difficile, Jean trouva du réconfort dans le soutien inébranlable de sa famille et de ses amis. Marie était une source constante de réconfort, l'encourageant à rester fort. Ses enfants, bien que jeunes, ressentaient la gravité de la situation et faisaient de leur mieux pour alléger l'atmosphère à la maison.

- Paul, son ancien collaborateur, restait également à ses côtés, offrant son soutien moral et pratique. « Jean, nous allons traverser cette tempête ensemble. Tu es l'un des hommes les plus intègres que je connaisse, et cela sera reconnu. »
- Ces mots réconfortants étaient une bouée de sauvetage pour Jean, lui rappelant qu'il n'était pas seul dans cette lutte.
- **5. La lutte pour l'intégrité**
- Malgré les accusations et les tentatives de le discréditer, Jean s'efforça de maintenir sa dignité et son intégrité. Il savait que, même s'il avait perdu son entreprise, il devait se battre pour préserver son honneur et son nom.
- Chaque jour, il se levait avec la détermination de prouver sa bonne foi. Il coopérait pleinement avec les enquêteurs, fournissant tous les documents nécessaires et répondant à toutes les questions. Il voulait montrer qu'il n'avait rien à cacher et qu'il était prêt à assumer ses responsabilités, mais qu'il ne pouvait être tenu responsable des circonstances incontrôlables qui avaient conduit à la faillite.
- Jean participa également à des forums et des groupes de soutien pour entrepreneurs en difficulté. Il partagea son histoire, non pas pour se plaindre, mais pour offrir son expérience et ses conseils à ceux qui se trouvaient dans des situations similaires. Cela lui donnait un sens de but et l'aidait à reconstruire lentement sa confiance en lui.
- **6. La décision du tribunal**
- Après des semaines d'audiences, de témoignages et de délibérations, le tribunal rendit enfin son verdict. Jean se tenait dans la salle d'audience, le cœur battant, tandis que le juge prenait la parole.
- « Après avoir examiné tous les éléments présentés, ce tribunal reconnaît que Monsieur Dupont a agi de bonne foi et a fait tout ce qui était en son pouvoir pour sauver son entreprise. Toutefois, en raison des dettes contractées et de l'incapacité à les rembourser en totalité, Monsieur Dupont est tenu de rembourser une partie des sommes dues, selon un échéancier adapté à sa situation actuelle. »

- Jean sentit une vague de soulagement et de gratitude l'envahir. Bien que la décision impliquait encore des paiements, le tribunal avait reconnu ses efforts et sa bonne foi. Cela représentait une victoire morale importante pour lui.
- **7. La reconstruction personnelle**
- Avec la décision du tribunal, Jean put enfin commencer à tourner la page sur cette période tumultueuse. Il savait qu'il devait encore rembourser une partie des dettes, mais le fardeau était devenu plus gérable. Il commença à se concentrer sur la reconstruction de sa vie et de sa carrière.
- Jean se lança dans de nouveaux projets, en utilisant ses compétences et son expérience pour conseiller d'autres entrepreneurs. Il développa une activité de consultation, offrant des services de gestion de crise et de restructuration d'entreprise. Ses propres épreuves lui avaient donné une perspective unique et précieuse, et il trouva une nouvelle passion dans l'aide aux autres.
- Il prit également le temps de renforcer ses liens familiaux. Les épreuves avaient rapproché sa famille, et Jean faisait de son mieux pour être présent pour Marie et leurs enfants. Ils passèrent plus de temps ensemble, redécouvrant les joies simples de la vie.
- **8. Le soutien communautaire**
- La communauté locale, qui avait suivi de près les difficultés de Jean, se montra également solidaire. Des voisins, des anciens collègues et des amis offrirent leur soutien de diverses manières, qu'il s'agisse de conseils professionnels, d'opportunités de travail, ou simplement de paroles réconfortantes.
- Jean participa à des événements locaux, s'impliqua dans des associations d'entrepreneurs et donna des conférences pour partager son histoire. Son courage et sa détermination inspirèrent de nombreuses personnes, et il devint une figure respectée et admirée dans la communauté.
- **9. La redécouverte de l'intégrité**
- Au fil du temps, Jean réalisa que, malgré les pertes matérielles, il avait conservé ce qui était le plus important :

son intégrité. Il avait affronté les tempêtes avec dignité, n'avait jamais cherché à fuir ses responsabilités, et avait toujours cherché à faire ce qui était juste.

- Cette réalisation lui apporta une paix intérieure. Il n'avait peut-être pas réussi à sauver son entreprise, mais il avait préservé son honneur et sa moralité. Cela lui permit de reconstruire sa vie sur des bases solides, en sachant qu'il avait les valeurs et la force intérieure nécessaires pour surmonter les défis futurs.
- **10. Une nouvelle direction**
- Avec le soutien de sa famille, de ses amis et de la communauté, Jean Dupont trouva une nouvelle direction dans sa vie. Il transforma ses épreuves en opportunités, redécouvrant sa passion pour l'entrepreneuriat sous une nouvelle forme. Sa nouvelle activité de consultation prospérait, et il recevait de plus en plus de demandes de la part d'entreprises cherchant à éviter les erreurs qu'il avait commises.
- Jean continua à se former, à apprendre et à grandir. Il savait que le chemin était encore long, mais il avançait avec confiance et détermination. Les cicatrices de son passé restaient, mais elles étaient devenues des marques de résilience et de courage.
- Avec le temps, Jean Dupont devint un symbole de persévérance et d'intégrité dans sa communauté. Son histoire, marquée par les défis et les épreuves, inspirait ceux qui l'entouraient à ne jamais abandonner, à toujours se battre pour ce qui est juste, et à trouver la force de se relever, peu importe les obstacles.
- Jean Dupont, malgré tout ce qu'il avait perdu, avait trouvé quelque chose de plus précieux : une nouvelle perspective sur la vie, une nouvelle mission, et un sens profond de qui il était vraiment. Il avançait avec une gratitude renouvelée, prêt à embrasser l'avenir avec espoir et détermination.

Chapitre 15 : L'Espoir Perdu

- Jean se retrouve sans abri.

- Réflexions sur ses erreurs et ses choix.

- Les épreuves semblaient sans fin pour Jean Dupont. Malgré ses efforts pour se relever, la vie continuait de le mettre à l'épreuve de manière cruelle et implacable. Les décisions judiciaires, les dettes accumulées, et la pression constante de la reconstruction avaient fini par épuiser ses ressources financières et émotionnelles. La situation se détériorait à un point où Jean se retrouva sans abri, contraint de faire face à une nouvelle réalité encore plus sombre.

- **1. La descente vers l'itinérance**

- Les premiers signes de la chute finale apparurent lorsque Jean et sa famille furent contraints de quitter leur maison, incapables de payer le loyer. La perte de leur domicile marqua un tournant décisif, les plongeant dans une situation d'urgence. Ils trouvèrent refuge dans un petit motel, vivant au jour le jour avec les maigres revenus que Jean parvenait encore à générer.

- Cependant, les dettes et les coûts de la vie quotidienne s'accumulaient. Les fonds diminuaient rapidement et bientôt, même le modeste motel devint inabordable. La famille se retrouva dans la rue, portant avec eux seulement quelques affaires essentielles. Jean sentait le poids de l'échec écraser ses épaules, chaque regard de ses enfants lui rappelant l'étendue de sa déchéance.

- **2. La réalité de la rue**

- Vivre dans la rue était un choc brutal. Les nuits étaient froides et dangereuses, et Jean veillait souvent, incapable de dormir, pour protéger sa famille. Les ressources alimentaires étaient limitées, et chaque jour était une lutte pour trouver de quoi manger et un endroit sûr pour se reposer.

- Marie, bien que résiliente, montrait des signes de stress intense. Les enfants, trop jeunes pour comprendre pleinement, étaient néanmoins affectés par cette nouvelle réalité. Leurs questions innocentes déchiraient le cœur de Jean. « Papa, quand allons-nous rentrer à la maison ? » demanda un jour sa fille cadette, les yeux remplis d'innocence.

- Jean, les larmes aux yeux, s'efforça de répondre avec douceur. « Bientôt, ma chérie. Nous trouverons une solution. »
- Mais chaque jour passé dans la rue semblait éroder un peu plus cet espoir.

3. Les réflexions sur les erreurs

- Avec le temps passé à errer dans les rues, Jean eut beaucoup de moments de réflexion. Il revoyait sans cesse les décisions qu'il avait prises, cherchant à comprendre où il avait failli. Il se demandait si certains choix auraient pu être différents, s'il aurait pu éviter cette dégringolade.
- « Ai-je été trop ambitieux ? Ai-je ignoré les signes avant-coureurs ? » Ces questions tournaient en boucle dans son esprit. Il repensait à ses projets, à ses rêves, et à la façon dont tout s'était effondré si rapidement. La culpabilité le rongeait, amplifiée par la situation actuelle de sa famille.
- Jean réalisa que son acharnement à maintenir à flot une entreprise déjà condamnée avait pu aggraver les choses. Peut-être aurait-il dû déclarer faillite plus tôt, peut-être aurait-il dû chercher de l'aide avant que la situation ne devienne irréversible. Ces pensées l'assaillaient constamment, rendant chaque jour plus lourd à supporter.

4. La perte de dignité

- Vivre sans abri était une épreuve qui mettait à mal la dignité de Jean. Habitué à être un entrepreneur respecté, il se retrouvait à quémander de l'aide, à chercher des endroits où il pouvait obtenir de la nourriture et des vêtements pour sa famille. La honte et l'humiliation étaient des compagnons constants.
- Il y eut des jours où Jean, désespéré, envisagea de demander l'aumône dans les rues. Cependant, chaque fois qu'il tendait la main, il ressentait une douleur aiguë de la perte de sa fierté. Il savait que, pour le bien de sa famille, il devait

surmonter cette honte, mais c'était une bataille difficile à mener.

- Les regards de pitié ou d'indifférence des passants étaient parfois plus douloureux que la faim ou le froid. Jean se sentait invisible, réduit à un numéro parmi les sans-abri. Pourtant, il s'efforçait de garder une part de dignité, de montrer à ses enfants qu'il était toujours leur père, fort et protecteur, malgré les circonstances.
- **5. Les rencontres et l'entraide**
- Paradoxalement, la rue révélait également une humanité inattendue. Jean rencontra d'autres personnes dans des situations similaires, des individus qui, malgré leurs propres difficultés, montraient de la solidarité et du soutien.
- Un soir, alors que la famille cherchait un endroit pour dormir, ils furent approchés par un homme d'une cinquantaine d'années, un ancien militaire nommé Marc. Il les guida vers un abri temporaire géré par une association locale.
- « Vous n'êtes pas seuls, » leur dit Marc avec un sourire chaleureux. « Nous devons nous entraider pour survivre. »
- À l'abri, Jean découvrit un réseau de soutien informel, des personnes prêtes à partager ce qu'elles avaient, à offrir des conseils et du réconfort. Ces moments de solidarité allégeaient un peu le fardeau, rappelant à Jean que même dans les moments les plus sombres, l'humanité et la bonté pouvaient briller.
- **6. La lutte pour la survie**
- La vie quotidienne dans la rue était une lutte constante pour la survie. Jean et sa famille devaient s'adapter à cette nouvelle réalité, développant des stratégies pour trouver de la nourriture, rester en sécurité et maintenir une hygiène de base.
- Jean passait ses journées à chercher des travaux temporaires, n'importe quoi pour gagner quelques sous et subvenir aux besoins de sa famille. Parfois, il trouvait des petits boulots comme la manutention ou le nettoyage, mais ces opportunités étaient rares et souvent mal payées.

- Marie, quant à elle, veillait sur les enfants et s'efforçait de leur offrir une routine semblable à une normalité. Elle leur faisait la lecture avec les quelques livres qu'ils avaient réussi à emporter, leur enseignait des leçons improvisées, essayant de préserver leur éducation autant que possible dans ces circonstances difficiles.

- **7. La résilience de la famille**

- Malgré les épreuves, la famille de Jean montrait une résilience remarquable. Les enfants s'adaptaient, trouvant des moyens de jouer et de rire même dans les moments les plus durs. Le lien familial se renforçait face à l'adversité.

- Jean voyait dans leurs sourires et leur détermination une source de motivation. Il savait qu'il devait continuer à se battre, non seulement pour lui-même, mais surtout pour eux. Leur résilience lui donnait la force de continuer, de chercher des solutions, de ne pas abandonner.

- Marie était son pilier, offrant un soutien inébranlable. Elle trouvait des moyens de transformer les petites victoires du quotidien en moments de joie, que ce soit un repas chaud trouvé par chance ou un geste de bonté inattendu.

- **8. Les réflexions sur la société**

- Vivre dans la rue donna à Jean une perspective unique sur la société et sur les systèmes de soutien social. Il réalisait à quel point il était facile de tomber dans la pauvreté et combien il était difficile de s'en sortir sans une aide adéquate.

- Il voyait aussi les failles du système, la bureaucratie qui compliquait l'accès à l'aide, et le manque de ressources pour ceux qui en avaient le plus besoin. Ces réflexions l'amenaient à envisager des moyens de plaider pour un changement une fois qu'il serait sorti de cette situation.

- Jean se promettait de devenir un avocat pour les sans-abri, d'utiliser son expérience pour sensibiliser et chercher des solutions pour ceux qui, comme lui, se trouvaient en marge de la société.

- **9. Les petits miracles**

- Parfois, au milieu de l'obscurité, des petits miracles se produisaient. Des inconnus offraient de l'aide, des organisations locales fournissaient des repas et des vêtements, et des opportunités inattendues se présentaient.

- Un jour, Jean rencontra un ancien collègue, Pierre, qui avait entendu parler de sa situation. Touché par ce qu'il voyait, Pierre lui proposa de l'aider à trouver un logement temporaire et de l'assister dans sa recherche d'emploi.
- « Jean, je suis désolé de voir ce que tu traverses. Je vais faire tout mon possible pour t'aider à te relever. »
- Ces gestes de bonté, bien que rares, apportaient une lueur d'espoir et rappelaient à Jean qu'il existait encore des raisons de croire en un avenir meilleur.

- **10. La quête de rédemption**
- Jean savait qu'il devait trouver un moyen de se relever, non seulement pour sa famille, mais aussi pour lui-même. Il était déterminé à transformer ses erreurs et ses épreuves en une force motrice pour un nouveau départ.
- Avec l'aide de Pierre et de quelques autres anciens amis, Jean commença à explorer de nouvelles opportunités. Il suivit des formations pour acquérir de nouvelles compétences et se réorienter professionnellement. Il travailla avec des conseillers pour élaborer un plan de réinsertion, s'engageant à ne jamais abandonner.
- La route vers la rédemption était longue et semée d'embûches, mais Jean avançait avec détermination. Il se rappelait constamment les leçons apprises, les erreurs qu'il ne devait pas répéter, et l'importance de garder espoir, même dans les moments les plus sombres.

- **11. La reconstruction d'une nouvelle vie**
- Petit à petit, Jean et sa famille commencèrent à voir des signes de lumière à la fin du tunnel. Grâce aux efforts de Pierre et aux soutiens reçus, ils trouvèrent un logement temporaire et Jean put obtenir un emploi stable.
- Bien que la situation restait précaire, ils avaient maintenant une base sur laquelle construire. Jean travaillait dur, épargnant chaque centime possible pour assurer un avenir meilleur à sa famille. Marie et les enfants, bien que marqués par l'expérience, montraient une résilience et une détermination exemplaires.

- **12. Les leçons tirées**
- À travers toutes ces épreuves, Jean tirait des leçons précieuses sur la vie, l'échec et la résilience. Il comprenait maintenant l'importance de la prudence financière, de la planification à long terme et de la recherche de soutien avant que les problèmes ne deviennent insurmontables.
- Il savait également qu'il devait redonner à la communauté qui l'avait soutenu dans ses moments les plus sombres. Jean s'engagea à devenir un défenseur des sans-abri et des personnes en difficulté, utilisant son expérience pour aider à créer des systèmes de soutien plus efficaces et plus accessibles.
- Jean Dupont, malgré toutes les pertes et les épreuves, avait trouvé une nouvelle force intérieure. Son chemin vers la reconstruction était encore long, mais il avançait avec une détermination renouvelée, prêt à transformer son passé en une source de sagesse et d'inspiration pour les autres.

Chapitre 16 : Un Nouveau Départ

- Jean trouve un emploi modeste.

- Commence à reconstruire sa vie.

- Après des mois de lutte acharnée et de moments d'incertitude, Jean Dupont trouva enfin une lueur d'espoir dans ce qu'il avait presque perdu de vue : un nouvel emploi modeste. Ce fut le début d'une nouvelle phase dans sa vie, marquée par un profond désir de reconstruire et de se réinventer malgré les défis persistants.

- **1. La découverte d'une opportunité**

- Jean était en quête constante d'opportunités, visitant des centres de recrutement, consultant des sites d'emploi, et en parlant à chaque personne qui pourrait avoir une piste. Ses efforts portèrent enfin leurs fruits lorsqu'il découvrit une annonce pour un poste de gestionnaire de stock dans une petite entreprise locale.

- Le travail n'était pas celui qu'il avait imaginé pour lui-même auparavant. Il s'agissait d'un poste modeste, bien loin de la position de propriétaire d'entreprise qu'il avait occupée autrefois. Cependant, Jean savait que chaque petit pas comptait dans son cheminement vers la reconstruction.

- Il soumit sa candidature avec espoir et, après une série d'entretiens et de vérifications, il reçut une offre d'emploi. Cette nouvelle, bien que modeste, fut pour lui une véritable bouffée d'air frais. L'emploi lui offrit non seulement un revenu stable, mais aussi un but et une structure dans une période où il en avait désespérément besoin.

- **2. L'adaptation à un nouvel environnement**

- Le premier jour de travail chez **Stock&Co**, l'entreprise où Jean avait été embauché, fut un mélange d'excitation et de nervosité. L'environnement était bien différent de ce qu'il avait connu ; l'équipe était petite, et le poste était axé sur des tâches qu'il n'avait pas exercées depuis longtemps, comme la gestion des inventaires et le contrôle des commandes.

- Jean se montra déterminé à prouver sa valeur. Il arriva tôt chaque jour, se montrant assidu et attentif. Son supérieur, Mme Lefèvre, une femme énergique et pragmatique, remarqua rapidement son engagement et son sérieux.

- « Monsieur Dupont, je suis heureuse de vous voir si motivé. Votre attitude est exactement ce dont nous avons besoin ici, » lui dit-elle lors de leur première réunion.

- Jean, tout en apprenant les rouages du poste, commença à se sentir plus confiant. L'aspect routinier de son travail apportait une certaine stabilité, et il appréciait le fait de pouvoir se concentrer sur des tâches concrètes plutôt que de se laisser emporter par des préoccupations financières et émotionnelles constantes.

- **3. La gestion du budget et des finances**

- Avec un revenu régulier, Jean put enfin commencer à aborder les questions financières avec plus de sérénité. Bien qu'il ne gagnât pas une fortune, le salaire qu'il recevait suffisait à couvrir les besoins essentiels de sa famille et à commencer à rembourser ses dettes.

- Jean établit un budget strict, en accordant la priorité aux dépenses nécessaires telles que le loyer, la nourriture, et les soins des enfants. Il chercha également à économiser un peu chaque mois, même si c'était une petite somme. Chaque centime comptait dans ce processus de reconstruction.

- Marie, qui avait trouvé un emploi à temps partiel dans une boutique locale, contribua également au budget familial. Ensemble, ils commencèrent à ressentir une légère amélioration dans leur situation financière, ce qui leur permettait de se concentrer davantage sur le bien-être et l'éducation de leurs enfants.

- **4. La reconstruction des relations familiales**

- Le travail et les nouveaux défis apportés par cette étape de reconstruction contribuèrent également à renforcer les liens familiaux. Jean se fit un point d'honneur de passer du temps de qualité avec Marie et les enfants, malgré ses horaires de travail chargés.

- Les soirées en famille devinrent des moments précieux. Ils se retrouvaient pour des dîners simples mais chaleureux, partageant des histoires et des rires. Jean, bien que fatigué après une journée de travail, trouvait de la joie dans ces instants de connexion et de normalité.

- Les enfants, qui avaient été affectés par les changements soudains, commencèrent à retrouver leur sourire. Leur vie retrouva un semblant de routine, et les inquiétudes précédentes furent remplacées par un espoir renouvelé.
- **5. La recherche de nouvelles opportunités**
- Bien que Jean ait trouvé un emploi stable, il ne cessait de rêver de rebâtir quelque chose de plus grand à l'avenir. Il continuait à suivre des cours en ligne pour améliorer ses compétences et à assister à des ateliers sur la gestion d'entreprise et le développement personnel.
- Jean était déterminé à utiliser les leçons qu'il avait apprises lors de son précédent parcours professionnel pour créer de nouvelles opportunités. Il commença à élaborer des idées pour de futurs projets, explorant des possibilités de travailler en freelance ou de créer une petite entreprise axée sur ses nouvelles compétences.
- Les discussions avec ses anciens collègues et contacts professionnels étaient souvent l'occasion pour lui d'échanger des idées et de recueillir des conseils. Cette activité le gardait motivé et lui permettait de garder espoir en l'avenir, malgré les obstacles.
- **6. La résilience face aux défis persistants**
- Malgré les améliorations, Jean savait que le chemin était encore long et semé d'embûches. Les souvenirs de la faillite de son entreprise et des mois de difficultés financières restaient vivaces. Les défis ne disparaissaient pas complètement, mais Jean avait appris à les affronter avec une nouvelle perspective.
- Il continua à travailler sur sa résilience émotionnelle, en cherchant des moyens de gérer le stress et la pression. Jean trouva du réconfort dans des activités simples, comme la lecture et la marche dans le parc. Il apprit à apprécier les petites victoires et à célébrer les succès quotidiens, aussi modestes soient-ils.

- Le soutien de Marie et des amis qu'il avait rencontrés en cours de route jouait également un rôle crucial dans sa vie. Jean bénéficiait de leur encouragement constant et de leurs conseils avisés, ce qui l'aidait à rester sur la bonne voie et à avancer vers ses objectifs.

- **7. Le rôle de mentor et d'inspirateur**

- Au fil du temps, Jean devint un mentor informel pour d'autres personnes qui, comme lui, faisaient face à des difficultés. Il partageait son histoire avec des groupes de soutien, offrant des conseils pratiques et du soutien moral à ceux qui en avaient besoin.

- Ses expériences personnelles faisaient de lui une source précieuse d'inspiration. Les personnes qu'il rencontrait trouvaient du réconfort dans son parcours, et Jean se sentait gratifié en voyant les autres trouver de la force et de l'espoir grâce à ses conseils.

- Jean commença également à s'impliquer dans des initiatives communautaires, participant à des programmes de mentorat pour les jeunes entrepreneurs et les personnes en reconversion professionnelle. Cette implication lui permettait de redonner à la communauté qui l'avait soutenu et de contribuer à aider les autres à éviter les erreurs qu'il avait commises.

- **8. La reconnaissance de la nouvelle identité**

- Jean avait commencé à accepter sa nouvelle identité. Bien que ce ne fût pas le poste qu'il avait envisagé pour lui-même, il reconnaissait que chaque étape de ce voyage avait contribué à sa croissance personnelle et professionnelle.

- Il se voyait maintenant comme un combattant, quelqu'un qui avait affronté des adversités majeures et en était sorti plus fort. Sa nouvelle identité était marquée par la résilience, la persévérance, et une capacité à se réinventer malgré les défis.

- Jean accepta les imperfections de son parcours et célébra les réussites modestes. Il avait appris à valoriser les petites choses et à trouver du bonheur dans les moments simples. Ce nouvel état d'esprit l'aidait à maintenir une attitude positive et à avancer avec détermination vers ses futurs objectifs.

- **9. Le rêve de réinvention**
- Jean ne perdit jamais de vue ses rêves de réinvention. Il continuait à envisager des possibilités pour l'avenir, qu'il s'agisse de lancer une entreprise ou d'explorer de nouvelles avenues professionnelles. Sa passion pour l'entrepreneuriat et son désir d'apporter des contributions significatives restaient intacts.
- Il se fixa des objectifs à court et à long terme, en s'assurant de rester concentré et motivé. Jean savait que la route serait longue et qu'il faudrait du temps pour reconstruire complètement sa vie, mais il avait la détermination et l'espoir nécessaires pour poursuivre ses rêves.
- **10. La gratitude et la perspective**
- Jean était profondément reconnaissant pour les opportunités qu'il avait obtenues et pour le soutien qu'il avait reçu. Il comprenait maintenant l'importance de la gratitude dans le processus de reconstruction. Chaque petite victoire, chaque progrès, était une source de joie et de motivation.
- Il réfléchissait souvent à son voyage, aux leçons apprises, et à la manière dont ces expériences avaient façonné son caractère. Cette perspective lui offrait une clarté et une sagesse qu'il n'avait pas auparavant. Il était conscient que les défis qu'il avait affrontés l'avaient transformé et lui avaient donné une appréciation plus profonde de la vie.
- Jean Dupont avait ainsi entamé un nouveau chapitre de sa vie, plein de défis et d'opportunités. Malgré les difficultés, il avançait avec espoir et détermination, prêt à saisir chaque occasion de se reconstruire et de créer un avenir meilleur pour lui-même et pour sa famille. Le chemin était encore long, mais avec chaque pas qu'il faisait, il se rapprochait de ses objectifs et de la vie qu'il désirait.

Chapitre 17 : Retour à la Réalité

- M. Lemoine continue de harceler Jean même après la saisie.

- Jean trouve des moyens de résister.

- Malgré les épreuves, les luttes et la reconstruction de sa vie, Jean Dupont se retrouva confronté à une réalité persistante et troublante : l'acharnement de M. Lemoine, l'huissier de justice. Même après la saisie de son entreprise, l'huissier continuait de le harceler, ajoutant une pression supplémentaire à la difficile tâche de reconstruire sa vie. Dans ce contexte de persistance des défis, Jean devait trouver des moyens de résister et de préserver ses nouvelles avancées.

- **1. La persistance du harcèlement**

- Même après la saisie de son entreprise, M. Lemoine n'avait pas relâché la pression sur Jean. Les visites de l'huissier avaient cessé, mais les courriers continuaient d'affluer. Ils étaient remplis de menaces, de demandes de paiements supplémentaires et de rappels concernant des dettes anciennes. Chaque lettre semblait une nouvelle épreuve, et la peur de nouvelles actions en justice ne le quittait jamais.

- Jean se souvint des moments où il avait eu des échanges désagréables avec M. Lemoine. L'huissier semblait implacable, ne montrant aucune compassion pour la situation désespérée de Jean. Ce même sentiment de cruauté persistait dans les lettres qu'il recevait. Jean essayait de comprendre pourquoi M. Lemoine continuait à le harceler malgré le fait qu'il avait déjà perdu tout ce qu'il avait construit.

- **2. La gestion des courriers et des menaces**

- Les courriers de M. Lemoine devenaient de plus en plus menaçants, faisant référence à des poursuites potentielles et des actions légales. Jean savait qu'il devait réagir rapidement pour éviter des complications supplémentaires. Il décida de prendre des mesures concrètes pour gérer cette situation.

- Il contacta son avocat, Maître Dubois, qui avait accepté de l'aider gratuitement durant les moments les plus difficiles. Maître Dubois avait précédemment géré les aspects juridiques de la faillite de l'entreprise et connaissait bien la situation de Jean.
- « Monsieur Dupont, je comprends que cela doit être extrêmement stressant pour vous, mais il est important de rester calme et méthodique dans votre approche. Nous devons nous assurer que M. Lemoine respecte les lois et ne dépasse pas les limites de ce qui est autorisé. »
- Maître Dubois expliqua que les actions de M. Lemoine devaient être conformes aux règles et régulations établies pour le recouvrement de dettes. Si les courriers contenaient des menaces illégales ou des actions qui semblaient abusives, il était possible de contester ces démarches.
- **3. La recherche de conseils supplémentaires**
- Jean chercha à obtenir des conseils supplémentaires pour mieux comprendre ses droits. Il contacta des organisations locales de soutien aux personnes en difficulté financière et aux victimes de harcèlement par des créanciers. Ces organisations offraient des conseils pratiques et un soutien émotionnel aux personnes confrontées à des situations similaires.
- Il découvrit des ressources qui expliquaient comment faire face au harcèlement des créanciers et comment protéger ses droits. Grâce à ces informations, Jean se rendit compte qu'il n'était pas seul dans cette situation et qu'il existait des voies légales pour se défendre contre les abus de créanciers.
- **4. L'intervention juridique**
- Avec l'aide de Maître Dubois, Jean prépara une réponse officielle aux courriers de M. Lemoine. L'avocat rédigea une lettre formelle pour contester certaines des demandes et menaces contenues dans les courriers. Cette lettre expliquait que, bien que Jean ait des dettes, les démarches de M. Lemoine dépassaient les limites légales.
- Le document était un outil puissant dans la lutte contre le harcèlement. Il soulignait que les tentatives de M. Lemoine de réclamer des paiements supplémentaires ou de menacer

des actions légales n'étaient pas conformes aux règlements en vigueur concernant le recouvrement des dettes après la saisie.

- **5. La protection des droits de Jean**
- Pour se protéger davantage, Jean entreprit des démarches pour obtenir une ordonnance de protection contre le harcèlement des créanciers. Cette ordonnance visait à limiter les actions agressives et les menaces de M. Lemoine. Jean se rendit au tribunal pour soumettre sa demande, en fournissant des preuves du harcèlement continu et des impacts négatifs sur sa santé mentale et son bien-être.
- Le processus juridique était complexe et exigeait du temps et des ressources. Cependant, Jean était déterminé à aller jusqu'au bout pour mettre fin au stress constant et au sentiment d'oppression qu'il ressentait.
- **6. L'impact sur la vie quotidienne**
- Les courriers et les menaces de M. Lemoine continuaient d'affecter la vie quotidienne de Jean. Chaque fois qu'il recevait une nouvelle lettre, il ressentait une montée d'anxiété. Il avait des difficultés à se concentrer sur son travail et à profiter des moments passés avec sa famille.
- Marie, bien que compréhensive, était aussi stressée par la situation. Elle voyait l'impact que le harcèlement de M. Lemoine avait sur Jean et essayait de le soutenir autant que possible. Les tensions se répercutèrent parfois sur leurs interactions, car la pression constante contribuait à des disputes mineures et à des malentendus.
- Jean essayait de maintenir une attitude positive et de se concentrer sur les aspects positifs de sa vie, mais le stress persistant compliquait cette tâche. Il savait qu'il devait trouver des moyens de gérer cette pression pour éviter que cela n'affecte davantage sa santé et ses relations familiales.
- **7. La recherche de soutien psychologique**
- Avec le stress croissant, Jean comprit qu'il devait également prendre soin de sa santé mentale. Il décida de consulter un psychologue pour obtenir un soutien émotionnel. Les sessions de thérapie lui offrirent un espace

pour exprimer ses frustrations et ses peurs et pour apprendre des stratégies de gestion du stress.

- Le thérapeute aida Jean à développer des mécanismes d'adaptation pour faire face aux situations stressantes. Jean apprit à se concentrer sur les aspects positifs de sa vie, à pratiquer la pleine conscience et à trouver des moyens de décompresser après une journée difficile.

- **8. La réaffirmation des objectifs**

- Face aux défis persistants, Jean réaffirma ses objectifs à long terme. Il savait que la route vers la réhabilitation complète serait longue, mais il était déterminé à continuer à avancer. Il se concentra sur son travail, sa famille et ses ambitions professionnelles.

- Jean poursuivit ses efforts pour se réinventer et trouver de nouvelles opportunités. Il continua à suivre des formations et à développer ses compétences, cherchant activement des moyens de progresser dans sa carrière. Il savait que chaque petite avancée était un pas vers une vie meilleure.

- **9. La création d'un réseau de soutien**

- Jean se rendit compte de l'importance d'un réseau de soutien solide dans cette période difficile. Il chercha à établir des relations avec des personnes qui comprenaient sa situation et qui pouvaient offrir des conseils et des encouragements.

- Il rejoignit des groupes de soutien en ligne pour les personnes ayant traversé des faillites ou des situations similaires. Ces groupes lui permirent de partager ses expériences, d'écouter celles des autres et de bénéficier de conseils pratiques et de soutien moral.

- Jean établit également des contacts avec d'anciens collègues et des amis de confiance, qui offrirent leur soutien et leur aide. Leur présence lui apporta un sentiment de communauté et de réassurance.

- **10. La persistance et la résilience**

- Malgré le harcèlement continu de M. Lemoine, Jean resta résilient. Il savait que la persistance était essentielle pour surmonter les obstacles. Les défis étaient nombreux, mais il avait appris à les affronter avec une attitude déterminée et un esprit ouvert.

- Jean continuait de se battre pour ses droits, de chercher des solutions et de construire un avenir meilleur. Il savait que la lutte contre le harcèlement de M. Lemoine faisait partie de son parcours vers la reconstruction et la réhabilitation. Chaque victoire, aussi petite soit-elle, était une affirmation de sa force et de son engagement à avancer.
- **11. Les moments de répit**
- Parfois, Jean trouvait des moments de répit et de soulagement. Lorsqu'il recevait des nouvelles positives, comme une réponse favorable de son avocat ou un soutien inattendu de ses amis, cela lui offrait une pause bienvenue dans la lutte constante.
- Ces moments lui rappelaient qu'il n'était pas seul dans cette épreuve et que chaque petit progrès était une victoire. Il prenait le temps d'apprécier ces instants de tranquillité et de trouver de la force dans les soutiens qu'il recevait.
- **12. La préparation pour l'avenir**
- Jean savait que la situation avec M. Lemoine ne se résoudrait pas du jour au lendemain, mais il se concentrait sur la préparation pour l'avenir. Il continuait à élaborer des plans pour son avenir professionnel, en explorant des possibilités d'emploi et des projets qui pourraient l'aider à progresser.
- Il réfléchissait également à des moyens de protéger ses intérêts financiers et personnels à long terme. Jean se renseigna sur les options disponibles pour éviter de futures situations de crise et pour garantir une meilleure sécurité financière.
- **13. L'acceptation des limites**
- En cours de route, Jean accepta qu'il ne pouvait pas tout contrôler. Certaines situations échappaient à son pouvoir, et il devait apprendre à accepter ces limites tout en continuant à se battre pour ce qu'il pouvait changer. Cette acceptation était un aspect crucial de sa résilience et de sa capacité à avancer.

- Jean comprit que l'acceptation des limites ne signifiait pas abandonner ses rêves, mais plutôt ajuster ses attentes et ses stratégies en fonction des réalités. Il continua à se battre pour ses objectifs tout en restant réaliste sur les défis à surmonter.
- **14. La détermination à aller de l'avant**
- Jean Dupont, malgré le harcèlement persistant de M. Lemoine, demeura déterminé à avancer. Chaque jour était une nouvelle occasion de faire face aux défis, de trouver des solutions et de progresser vers un avenir meilleur.
- Il savait que le chemin de la reconstruction était semé d'embûches, mais il était prêt à continuer à se battre. La persistance et la résilience étaient devenues ses alliées les plus précieuses dans ce parcours difficile.
- Jean poursuivit ses efforts avec courage et détermination, prêt à surmonter les obstacles et à embrasser les opportunités qui se présenteraient. Son voyage était loin d'être terminé, mais il avançait avec une force renouvelée et un engagement profond à transformer son passé en une base solide pour l'avenir.
- **15. La construction d'un avenir meilleur**
- Avec chaque étape franchie, Jean se rapprochait de la construction d'un avenir meilleur. Bien que le harcèlement de M. Lemoine fût une épreuve continue, il savait que la persistance et la résilience étaient les clés pour surmonter ces obstacles.
- Jean restait concentré sur ses objectifs et ses aspirations, prêt à saisir les opportunités qui se présenteraient. Il avait appris à apprécier les petites victoires, à célébrer les moments de répit et à continuer à avancer, même lorsque les défis semblaient insurmontables.
- Le chemin était encore long, mais Jean était déterminé à poursuivre son voyage avec espoir et détermination. Il savait que chaque jour était une chance de progresser, de se reconstruire et de créer un avenir meilleur pour lui-même et pour sa famille. Le retour à la réalité était difficile, mais il était prêt à affronter chaque défi avec courage et résilience.

Chapitre 18 : La Contre-Attaque

- Jean décide de se battre légalement contre l'huissier.

- Mobilisation de la communauté en soutien à Jean.

- Après avoir enduré des mois de harcèlement incessant de la part de M. Lemoine, l'huissier de justice, Jean Dupont décida qu'il était temps de réagir et de se battre pour ses droits. La situation ne pouvait plus continuer ainsi, et Jean, fort de sa détermination et du soutien qu'il avait commencé à recevoir, se lança dans une contre-attaque légale. Ce chapitre est consacré à la façon dont Jean mobilisa la communauté et entreprit des démarches juridiques pour contrer l'acharnement de M. Lemoine.

- **1. L'éveil à l'injustice**

- Jean avait longtemps été patient et résilient, mais le harcèlement constant de M. Lemoine avait franchi une ligne. Les courriers menaçants et les démarches illégales avaient non seulement affecté sa santé mentale, mais aussi son sentiment de justice. Jean savait que s'il ne prenait pas les choses en main, la situation ne ferait qu'empirer.

- Au fil des mois, les courriers de M. Lemoine étaient devenus plus agressifs. Ils exigeaient des paiements supplémentaires, des frais de procédure, et incluaient des menaces de nouvelles actions légales. Jean avait collecté ces documents, les conservant comme preuve des abus dont il était victime.

- Il consulta une fois de plus son avocat, Maître Dubois. « Monsieur Dupont, il est clair que M. Lemoine agit en dehors des limites de la légalité. Il est temps de riposter officiellement. Nous avons suffisamment de preuves pour contester ses actions en justice. »

- **2. Préparation de la riposte juridique**

- Jean et Maître Dubois commencèrent à préparer une plainte formelle contre M. Lemoine. Ils recueillirent toutes les preuves nécessaires : les courriers, les documents de la saisie de l'entreprise, et les preuves de la détresse émotionnelle de Jean. L'objectif était de prouver que les actions de M. Lemoine étaient non seulement abusives mais aussi illégales.

- La plainte fut déposée auprès du tribunal compétent. La procédure visait à obtenir une ordonnance du tribunal pour interdire à M. Lemoine de poursuivre ses actions et à demander des dommages et intérêts pour le stress et les souffrances infligés.
- Maître Dubois était déterminé à défendre les droits de Jean. Il prépara des arguments solides, soulignant les violations des règlements de recouvrement de dettes et les abus de pouvoir. Jean savait qu'il devait se battre pour rétablir la justice et protéger ses droits.
- **3. Mobilisation de la communauté**
- Comprenant que son combat contre M. Lemoine ne se limiterait pas aux murs du tribunal, Jean décida de mobiliser la communauté en soutien. Il savait que le soutien public pouvait jouer un rôle crucial dans sa lutte.
- Jean se tourna vers des organisations locales de défense des droits des consommateurs et des associations de soutien aux personnes en difficulté financière. Il partagea son histoire avec ces groupes, expliquant comment M. Lemoine continuait de le harceler malgré la faillite de son entreprise.
- Les organisations de défense des droits des consommateurs prirent rapidement l'affaire en main. Elles relayèrent l'histoire de Jean à travers les médias locaux, attirant l'attention sur les abus de M. Lemoine. La couverture médiatique suscita une vague de soutien de la part du public.
- **4. Le soutien des médias**
- Les médias locaux commencèrent à couvrir l'histoire de Jean. Des articles parurent dans les journaux, et des reportages furent diffusés à la télévision locale. La situation de Jean était présentée comme un exemple d'abus de pouvoir par les huissiers et de la nécessité de réformer les pratiques de recouvrement de dettes.
- Les reportages incluaient des interviews avec Jean, Marie, et Maître Dubois. Ils expliquaient la détresse que M. Lemoine avait causée à Jean et comment la persistance du

harcèlement avait eu des conséquences dévastatrices sur leur vie.

- Les médias créèrent une pression supplémentaire sur M. Lemoine et les institutions judiciaires. La couverture publique incita de nombreux citoyens à soutenir Jean et à demander des réformes pour éviter que d'autres ne subissent des situations similaires.
- **5. La mobilisation des soutiens**
- Jean reçut un soutien significatif de la part de la communauté. Des groupes de soutien organisèrent des rassemblements pour exprimer leur solidarité et pour appeler à des changements dans les pratiques de recouvrement de dettes. Les pétitions circulèrent, recueillant des signatures pour exiger des réformes et une meilleure réglementation des huissiers.
- Des amis et des anciens collègues de Jean apportèrent également leur soutien. Ils témoignèrent de la valeur de Jean en tant qu'entrepreneur et de l'impact injuste du harcèlement de M. Lemoine sur sa vie. Leur soutien renforça la crédibilité de la cause de Jean et augmenta la visibilité de l'affaire.
- **6. Le développement de la contre-attaque**
- Avec le soutien croissant de la communauté et la couverture médiatique, Jean et son avocat intensifièrent leur contre-attaque. Ils organisèrent des conférences de presse pour mettre en lumière les abus de M. Lemoine et pour sensibiliser le public aux problèmes rencontrés par ceux qui sont harcelés par des créanciers.
- Maître Dubois coordonna également avec des organisations de défense des droits pour faire pression sur les autorités judiciaires. Ils demandèrent une enquête sur les pratiques de recouvrement de M. Lemoine et sur d'éventuelles violations des lois en vigueur.
- Jean continua à recueillir des témoignages et des preuves supplémentaires pour soutenir sa plainte. Chaque élément de preuve était crucial pour renforcer le dossier contre M. Lemoine et pour démontrer que ses actions avaient causé un préjudice considérable.

- **7. Les répercussions sur M. Lemoine**
- L'attention médiatique et la pression publique commencèrent à avoir un impact sur M. Lemoine. Les demandes d'enquête et les critiques publiques le contraignirent à réévaluer ses pratiques. Il se retrouva sous le feu des projecteurs, ce qui mit en lumière les abus dont Jean avait été victime.
- M. Lemoine, face à la pression croissante, tenta de se défendre en affirmant que ses actions étaient conformes aux lois en vigueur. Cependant, les preuves accumulées par Jean et son avocat démontraient clairement les abus et les irrégularités dans ses pratiques.
- Le tribunal prit en compte les preuves présentées et les témoignages de Jean, de Maître Dubois, et des membres de la communauté. Les autorités commencèrent à examiner de plus près les pratiques de M. Lemoine, entraînant des mesures disciplinaires et une révision de ses méthodes de recouvrement.
- **8. Les résultats de la contre-attaque**
- La contre-attaque de Jean eut des répercussions importantes. Le tribunal rendit une décision en faveur de Jean, interdisant à M. Lemoine de poursuivre ses actions abusives. Jean obtint également des réparations pour les souffrances et les dommages causés par le harcèlement.
- La victoire de Jean dans cette affaire ne signifiait pas seulement la fin du harcèlement par M. Lemoine, mais aussi une victoire pour tous ceux qui avaient souffert de pratiques abusives de recouvrement de dettes. L'affaire contribua à sensibiliser le public et à promouvoir des réformes dans le domaine du recouvrement de créances.
- Jean, bien que soulagé par la fin du harcèlement, savait que le chemin de la reconstruction était encore long. Cependant, cette victoire légale lui donna un nouvel élan et une nouvelle perspective sur sa capacité à faire face aux défis.
- **9. La poursuite des réformes**
- Le succès de la contre-attaque de Jean conduisit à une prise de conscience accrue des problèmes liés aux pratiques de recouvrement de dettes. Jean et son avocat continuèrent à

travailler avec des organisations de défense des droits pour promouvoir des réformes et améliorer les protections des consommateurs.

- Jean participa à des discussions publiques et à des groupes de travail visant à élaborer des politiques plus justes et transparentes pour le recouvrement de créances. Son expérience personnelle devint un puissant témoignage en faveur des changements nécessaires dans le système.
- **10. Le renouveau et l'espoir**
- La contre-attaque de Jean ne fut pas seulement une bataille légale ; elle fut aussi un symbole de renouveau et d'espoir pour ceux qui avaient été confrontés à des abus similaires. Jean trouva une force nouvelle dans sa capacité à se battre pour ses droits et à obtenir justice.
- Avec la fin du harcèlement, Jean se concentra davantage sur la reconstruction de sa vie. Il poursuivit son travail avec détermination et continua à développer ses compétences et ses projets futurs. Il s'efforça de rester positif et de garder l'espoir, malgré les défis qui se dressaient encore devant lui.
- La mobilisation de la communauté et le soutien public apportèrent une nouvelle perspective à Jean. Il comprit que, même dans les moments les plus sombres, il y avait toujours une chance de changer les choses et de faire entendre sa voix. Le soutien qu'il avait reçu devint un pilier de sa force et un rappel constant de l'importance de la solidarité et de la justice.
- **11. Les nouvelles aspirations de Jean**
- Fort de cette victoire, Jean commença à envisager de nouvelles aspirations. Il réfléchissait à des moyens de contribuer positivement à la société en utilisant son expérience pour aider les autres. Il envisagea de créer une organisation ou un groupe de soutien pour les personnes en difficulté financière, afin de partager ses connaissances et son soutien avec ceux qui en avaient besoin.
- Jean était déterminé à transformer ses expériences en une force pour le bien commun. Il espérait que son combat pour ses droits pourrait inspirer d'autres personnes à se lever

contre les injustices et à chercher des solutions lorsqu'elles se trouvaient dans des situations difficiles.

- **12. L'importance de la solidarité**
- L'expérience de Jean démontra l'importance de la solidarité et du soutien communautaire dans la lutte contre les abus et les injustices. La mobilisation de la communauté, le soutien des médias, et les efforts collectifs furent essentiels pour atteindre une victoire contre le harcèlement de M. Lemoine.
- Jean appris que la force réside souvent dans l'unité et le soutien mutuel. Il reconnaissait que, sans l'aide et la solidarité des autres, il n'aurait pas pu surmonter les défis auxquels il avait été confronté.
- **13. La réflexion sur le parcours**
- À la fin de cette bataille, Jean prit le temps de réfléchir à son parcours. Il pensa à la lutte qu'il avait menée, aux épreuves qu'il avait surmontées, et aux leçons qu'il avait apprises. Il était conscient que chaque défi avait contribué à sa croissance personnelle et à sa résilience.
- Jean se remémora les moments de désespoir et de difficulté, mais aussi les instants de soutien et de triomphe. Il savait que ces expériences avaient façonné sa vision de la vie et sa détermination à poursuivre ses objectifs avec une nouvelle perspective.
- **14. Le chemin de la guérison**
- Avec le harcèlement de M. Lemoine derrière lui, Jean entreprit le chemin de la guérison. Il continua à travailler sur sa santé mentale et à renforcer ses relations avec sa famille et ses amis. La victoire légale était une étape importante, mais il était également crucial de retrouver un équilibre et de se reconstruire pleinement.
- Jean investit du temps dans des activités qui lui apportaient de la joie et du bien-être. Il retrouva des moments de tranquillité et de bonheur avec sa famille, en appréciant les petites choses de la vie. La guérison était un processus continu, et Jean était prêt à le poursuivre avec patience et espoir.

- **15. Le regard vers l'avenir**
- Jean était désormais prêt à regarder vers l'avenir avec optimisme. Bien que le passé fût marqué par des défis importants, il avait appris à faire face aux difficultés avec courage et détermination. Il se concentra sur les opportunités à venir et sur la manière dont il pouvait utiliser son expérience pour contribuer positivement à sa communauté.
- La contre-attaque contre M. Lemoine avait été un tournant crucial dans la vie de Jean. Elle lui avait non seulement permis de rétablir la justice, mais aussi de découvrir sa propre force intérieure. Avec une nouvelle perspective et un soutien solide, Jean se préparait à embrasser les opportunités futures et à poursuivre ses aspirations avec détermination.
- Le chemin de la vie était semé d'embûches, mais Jean était désormais équipé des outils nécessaires pour avancer avec confiance et résilience. Sa victoire contre le harcèlement de M. Lemoine marquait le début d'un nouveau chapitre dans sa vie, rempli de possibilités et de nouveaux défis à relever.

Chapitre 19 : Le Combat Juridique

- Jean et son avocat préparent leur défense.

- Premières audiences au tribunal.

- Après avoir décidé de se battre légalement contre M. Lemoine, l'huissier, Jean Dupont entama un combat juridique acharné. Ce chapitre se concentre sur les préparatifs de Jean et de son avocat, Maître Dubois, ainsi que sur les premières audiences au tribunal, où le sort de Jean se jouait.
- **1. La préparation de la défense**
- La décision de Jean de lutter contre M. Lemoine n'était que le début d'un long chemin juridique. Jean et son avocat, Maître Dubois, savaient que pour gagner cette bataille, ils devaient préparer une défense solide et convaincante.
- Maître Dubois, un avocat expérimenté dans les affaires de droit civil et de défense des consommateurs, se lança dans l'élaboration de la stratégie juridique de Jean. Ils commencèrent par examiner en détail toutes les preuves disponibles : les courriers de M. Lemoine, les documents de la saisie de l'entreprise de Jean, ainsi que les témoignages de ceux qui avaient été témoins de l'abus de pouvoir de l'huissier.
- Les preuves étaient claires : les actions de M. Lemoine semblaient aller au-delà des limites de ce qui était légalement permis pour un huissier de justice. Maître Dubois identifia des violations potentielles des règlements concernant le recouvrement de créances et l'utilisation abusive de la procédure de saisie. La clé de la défense serait de démontrer que M. Lemoine avait agi de manière abusive, en violation des droits de Jean.
- Jean, de son côté, s'engagea pleinement dans la préparation de sa défense. Il passa des heures à rassembler des documents, à rédiger des déclarations et à se préparer aux questions qui pourraient être posées lors des audiences. Le stress de la situation était immense, mais Jean était déterminé à se battre pour obtenir justice.

- **2. L'élaboration des arguments**
- Avec l'aide de Maître Dubois, Jean développa plusieurs arguments clés pour sa défense. Ils voulaient démontrer que les actions de M. Lemoine avaient causé un préjudice considérable à Jean, tant sur le plan financier que sur le plan émotionnel. L'un des principaux arguments était que M. Lemoine avait agi de manière contraire aux pratiques établies pour les huissiers de justice, en utilisant des tactiques de pression et de harcèlement.
- Maître Dubois prépara une argumentation détaillée, basée sur les lois en vigueur et les règlements concernant les pratiques de recouvrement de créances. Ils planifièrent d'exposer comment M. Lemoine avait outrepassé ses droits en poursuivant des actions qui, selon eux, étaient illégales et excessives.
- Jean et Maître Dubois se concentrèrent également sur la dimension humaine du cas, en mettant en avant les impacts négatifs sur la vie de Jean et de sa famille. Ils préparèrent des témoignages et des preuves concernant le stress, l'anxiété et les difficultés financières engendrées par le harcèlement incessant.
- **3. Les premières audiences**
- La première audience au tribunal fut un moment décisif pour Jean. L'atmosphère dans la salle d'audience était tendue, chaque détail comptait. Jean, Maître Dubois et M. Lemoine étaient présents, ainsi que leurs avocats respectifs. Le tribunal, un espace formel et imposant, symbolisait le poids de la justice et l'importance de la procédure.
- L'audience débuta par la présentation des arguments préliminaires. Maître Dubois exposa les grandes lignes de la défense de Jean, soulignant les abus de pouvoir de M. Lemoine et les violations des droits de Jean. Il demanda au tribunal de prendre en compte les preuves de harcèlement et de préjudice causé par les actions de l'huissier.
- M. Lemoine, de son côté, se défendit en affirmant que ses actions étaient conformes à la loi et nécessaires pour récupérer les créances impayées. Il maintint que ses

pratiques étaient appropriées et que Jean avait simplement tenté de retarder le paiement de sa dette.

- Les premiers témoignages furent entendus. Jean décrivit en détail les effets dévastateurs du harcèlement sur sa vie personnelle et professionnelle. Il parla des courriers menaçants, des visites incessantes, et des impacts sur sa santé mentale et sa famille. L'émotion était palpable alors que Jean expliquait comment la situation l'avait affecté profondément.
- Maître Dubois fit également témoigner des experts en droit des créances et des représentants d'organisations de défense des droits des consommateurs. Ces experts fournissaient un éclairage précieux sur les pratiques de recouvrement et les limites légales des actions des huissiers de justice.
- **4. Les objections et les contre-arguments**
- Les audiences se poursuivirent avec des objections et des contre-arguments de la part de M. Lemoine et de son avocat. M. Lemoine tenta de discréditer les témoignages de Jean en arguant que ses actions étaient légales et justifiées. Il prétendit que les difficultés de Jean étaient dues à des problèmes financiers antérieurs et non aux actions de l'huissier.
- Maître Dubois répliqua en fournissant des preuves supplémentaires et en soulignant les incohérences dans la défense de M. Lemoine. Il démontra comment les actions de l'huissier étaient non seulement injustifiées mais aussi contraires aux pratiques de recouvrement acceptées.
- Le tribunal écouta attentivement les arguments des deux parties. Les juges posèrent des questions et demandèrent des clarifications sur certains points. Ils cherchaient à comprendre les nuances de la situation et à évaluer les preuves présentées.
- **5. Le stress et les défis émotionnels**
- Pour Jean, les audiences étaient émotionnellement épuisantes. Chaque jour au tribunal ravivait les souvenirs douloureux des mois de harcèlement. Il dut faire face à des

questions difficiles et à la pression de présenter ses arguments de manière convaincante.

- Le stress et la fatigue affectèrent Jean et sa famille. Sa femme, Marie, et ses enfants se montrèrent soutenants mais étaient également inquiets pour leur avenir. Ils assistèrent aux audiences autant que possible, apportant leur soutien moral et montrant leur solidarité.
- Maître Dubois, bien conscient des impacts émotionnels sur Jean, fit tout son possible pour l'encourager et le soutenir. Il expliqua les étapes du processus judiciaire et encouragea Jean à rester concentré sur ses objectifs. La relation entre Jean et son avocat devint un pilier essentiel dans la lutte contre M. Lemoine.
- **6. Les tensions entre les parties**
- Les tensions entre Jean et M. Lemoine augmentèrent au fur et à mesure des audiences. Les échanges devenaient de plus en plus acrimonieux, chaque partie cherchant à prouver que l'autre avait tort. Les avocats des deux côtés se disputaient avec vigueur, apportant des arguments et des contre-arguments dans un cadre formel mais intense.
- Jean et M. Lemoine, bien que présents dans la même pièce, évitaient souvent le contact visuel. La situation était chargée de conflits et de ressentiments, chaque partie ayant une vision différente des faits et des responsabilités.
- Maître Dubois et l'avocat de M. Lemoine s'affrontaient en soulevant des points juridiques complexes et en examinant les détails des preuves présentées. Les échanges étaient parfois tendus, mais chaque argument devait être soigneusement pesé et analysé par le tribunal.
- **7. Les audiences intermédiaires et les décisions**
- Après plusieurs audiences intermédiaires, le tribunal commença à évaluer les arguments et les preuves présentées. Les juges prenaient le temps de délibérer sur les points de droit et les faits de l'affaire. Les décisions intermédiaires portaient sur les aspects techniques du litige et sur l'admissibilité des preuves.
- Maître Dubois et Jean continuèrent à préparer leurs arguments pour les audiences suivantes. Ils s'assurèrent de

répondre à toutes les questions posées par le tribunal et de fournir les clarifications nécessaires. La préparation méticuleuse était essentielle pour maintenir l'élan et la crédibilité de la défense.

- Jean se concentra également sur la gestion de ses émotions et du stress. Il trouva du réconfort dans le soutien de sa famille et des amis. La perspective d'une issue favorable au tribunal l'encourageait à continuer à se battre malgré les difficultés.

- **8. La stratégie de médiation**

- Face à la complexité de l'affaire et aux tensions croissantes, Maître Dubois suggéra une médiation comme moyen de résoudre le conflit. La médiation pouvait offrir une solution plus rapide et moins conflictuelle que de poursuivre les audiences judiciaires.

- Jean, bien que sceptique, accepta d'explorer cette option. La médiation permettrait de négocier un accord entre lui et M. Lemoine, évitant ainsi une prolongation du conflit et offrant la possibilité de parvenir à une solution amiable.

- Maître Dubois organisa une séance de médiation avec un médiateur neutre. Cette session visait à discuter des termes d'un règlement possible et à explorer les options de compromis. Jean espérait que la médiation pourrait conduire à un accord équitable et mettre fin au harcèlement.

- **9. Les attentes et les espoirs**

- Alors que le processus judiciaire continuait, Jean nourrissait des espoirs de justice et de résolution. Il attendait avec impatience les résultats de la médiation et des prochaines audiences, espérant que les efforts déployés aboutiraient à une victoire.

- Jean avait appris à apprécier les petites victoires et à maintenir une attitude positive. Le soutien de sa famille, de ses amis et de la communauté était une source de réconfort et de motivation.

- Maître Dubois continuait de travailler avec diligence pour préparer la défense de Jean et pour naviguer dans les complexités du système judiciaire. La bataille juridique était loin d'être terminée, mais chaque étape franchie rapprochait Jean de la résolution de son conflit avec M. Lemoine.

- **10. La perspective de résolution**
- Le combat juridique de Jean contre M. Lemoine était une épreuve de patience et de persévérance. Chaque audience et chaque argument était une étape vers la résolution finale. La préparation minutieuse et le soutien continu étaient essentiels pour traverser cette période difficile.
- Jean et son avocat restèrent déterminés à obtenir justice et à démontrer les abus de M. Lemoine. Ils espéraient que le tribunal reconnaîtrait les torts et que les décisions rendues apporteraient une conclusion favorable à l'affaire.
- Le chemin vers la justice était complexe, mais Jean savait que chaque effort comptait. La bataille juridique était un reflet de sa détermination à défendre ses droits et à mettre fin au harcèlement injuste. Avec la résolution et le soutien de ses proches, Jean poursuivait son combat, prêt à affronter les défis qui se dresseraient encore devant lui.
- 4o mini

Chapitre 20 : La Défaite Apparente

- Première décision du tribunal en faveur de l'huissier.

- Jean ne perd pas espoir et fait appel.

- Jean Dupont avait traversé un long chemin de lutte juridique contre l'huissier M. Lemoine. Les audiences avaient été intenses, les arguments échangés avec ferveur, et les émotions étaient à leur comble. Après des mois de préparation et d'espoir, le tribunal rendit sa première décision. Malheureusement, cette décision était défavorable à Jean, donnant raison à M. Lemoine. Ce chapitre explore la réaction de Jean face à cette défaite apparente, sa détermination à faire appel et les implications émotionnelles et pratiques de cette tournure des événements.

- **1. La décision du tribunal**

- Le jour du verdict était arrivé, et Jean se rendit au tribunal avec un mélange de nervosité et d'espoir. Le tribunal avait étudié les arguments, les preuves et les témoignages présentés par les deux parties. L'attente dans la salle d'audience était pesante, chaque instant semblant durer une éternité.

- Lorsque le juge annonça la décision, le choc fut immédiat. Le tribunal avait statué en faveur de M. Lemoine, affirmant que les actions de l'huissier étaient conformes aux procédures légales en matière de recouvrement de créances. Le juge avait reconnu les difficultés de Jean mais avait jugé que les preuves ne démontraient pas suffisamment d'abus de la part de M. Lemoine pour justifier une annulation de la saisie.

- Jean était abasourdi. Le sentiment de défaite était écrasant. Malgré les efforts et la détermination investis dans la défense, la décision du tribunal semblait être un coup dur. Maître Dubois tenta de tempérer la déception en soulignant que cette décision n'était pas nécessairement définitive et qu'un appel était possible.

- **2. L'impact émotionnel sur Jean**

- La décision du tribunal fut un choc profond pour Jean. La défaite apparente éveilla une vague de désespoir et de frustration. Tout le chemin parcouru, les mois de préparation et les efforts acharnés semblaient avoir été en vain. Les émotions de Jean étaient une montagne russe : confusion, colère, tristesse et découragement se mélangeaient en un tourbillon difficile à gérer.
- Jean retourna chez lui, la tête lourde et le moral en berne. Sa famille, bien que réconfortante, ne pouvait pas totalement effacer la déception. Marie, sa femme, essaya de lui apporter du soutien et de le rassurer, mais elle partageait également l'inquiétude quant à l'avenir.
- Les enfants, eux, ne comprenaient pas entièrement la situation mais ressentaient la tension à la maison. L'atmosphère était lourde, et les moments de joie étaient devenus rares. Jean devait non seulement faire face à la défaite apparente mais aussi à la responsabilité de maintenir une certaine stabilité pour sa famille.
- **3. La réflexion sur les options**
- Maître Dubois, bien conscient de la détresse de Jean, organisa une réunion pour discuter des prochaines étapes. Bien que la décision du tribunal fût défavorable, il y avait encore une voie à explorer : faire appel. Le droit d'appel était une procédure légale qui permettait de contester la décision rendue par le tribunal et de la soumettre à un nouveau jugement.
- Jean et son avocat se penchèrent sur les raisons possibles de faire appel. Maître Dubois expliqua que l'appel pourrait être basé sur l'argument que le tribunal avait mal interprété certains aspects du droit ou avait omis des éléments cruciaux. Ils devaient examiner en profondeur la décision rendue et identifier les points susceptibles d'être contestés.
- Jean, bien que découragé, décida de ne pas abandonner. Il savait que faire appel représentait une nouvelle bataille, mais il était déterminé à poursuivre son combat. La perspective de retourner en justice et de réévaluer les preuves était une lueur d'espoir dans l'obscurité de la défaite.

- **4. La préparation de l'appel**
- Le processus d'appel était complexe et demandait une préparation minutieuse. Maître Dubois se lança dans une analyse détaillée de la décision du tribunal et des arguments sur lesquels il pourrait s'appuyer pour contester la décision. Ils commencèrent à préparer une nouvelle argumentation pour l'appel, en se concentrant sur les erreurs potentielles dans la décision initiale.
- Jean et Maître Dubois réunirent de nouveaux documents, des preuves supplémentaires et des témoignages pertinents pour renforcer leur dossier. Ils examinèrent les éléments de la décision du tribunal qu'ils considéraient comme erronés et élaborèrent une stratégie pour les contester efficacement en appel.
- La préparation de l'appel était une tâche ardue. Chaque argument devait être formulé de manière précise et convaincante. Maître Dubois et son équipe passèrent de nombreuses heures à peaufiner leur argumentaire et à anticiper les contre-arguments de M. Lemoine.
- **5. La communication avec la communauté**
- Jean, malgré sa déception, continua de recevoir du soutien de sa communauté. Ses amis, ses collègues et les membres de l'association de défense des droits des consommateurs restèrent solidaires et lui offrirent des encouragements.
- Les médias, qui avaient couvert l'histoire de Jean depuis le début, continuèrent à suivre l'affaire. Jean accepta de faire une déclaration publique sur la décision du tribunal et sur ses intentions de faire appel. Il expliqua pourquoi il croyait que la décision initiale était injuste et pourquoi il était déterminé à poursuivre son combat.
- La solidarité de la communauté joua un rôle crucial pour Jean. Elle lui offrit non seulement un soutien moral mais aussi une plateforme pour exprimer ses préoccupations et ses aspirations. Jean trouva de la force dans les messages de soutien et les encouragements qu'il recevait.
- **6. La dynamique du processus d'appel**
- Faire appel d'une décision judiciaire était un processus distinct et complexe. L'appel ne consistait pas simplement

à refaire le procès mais à contester la décision rendue en se basant sur des erreurs de droit ou des éléments de preuve nouveaux.

- Le tribunal d'appel examina les arguments présentés par Jean et Maître Dubois. Ce tribunal se concentra sur les aspects juridiques de la décision et sur la manière dont les lois avaient été appliquées. Les audiences d'appel étaient souvent plus techniques et exigeaient une argumentation précise sur les points de droit.

- Jean se prépara à cette nouvelle phase avec une combinaison de nervosité et de détermination. Il comprenait que faire appel était une démarche longue et incertaine, mais il était prêt à affronter ce défi. Le soutien de Maître Dubois et des membres de sa communauté l'aidait à rester motivé.

- **7. Les défis psychologiques**

- Le combat juridique de Jean, déjà éprouvant, devenait encore plus complexe avec la perspective d'un appel. Les défis psychologiques étaient considérables. Jean devait gérer non seulement le stress lié à la procédure judiciaire mais aussi les effets émotionnels de la défaite initiale.

- La pression était immense. Les mois de lutte, les espoirs déçus et les incertitudes concernant l'issue de l'appel pesaient lourdement sur ses épaules. Jean continua à travailler sur sa résilience mentale, en cherchant des moyens de maintenir son équilibre émotionnel et de rester concentré sur ses objectifs.

- Le soutien de sa famille, bien que crucial, était également un défi. Les tensions à la maison persistaient, et Jean devait naviguer entre ses responsabilités familiales et ses efforts pour faire appel. Il chercha à équilibrer ses priorités et à rester présent pour ses proches tout en poursuivant son combat juridique.

- **8. La quête de justice**

- La quête de justice était au cœur des efforts de Jean. Chaque étape du processus d'appel était une occasion de réaffirmer sa détermination à obtenir réparation pour les préjudices qu'il avait subis. Jean se concentra sur la nécessité de prouver que la décision initiale était injuste et que ses droits avaient été violés.

- La recherche de justice était une motivation puissante pour Jean. Il croyait en l'intégrité du système judiciaire et espérait que l'appel permettrait de corriger les erreurs de la décision initiale. Sa foi dans la justice et sa volonté de défendre ses droits lui offraient une source de courage et de persévérance.
- **9. La réévaluation des preuves**
- Une partie essentielle de l'appel était la réévaluation des preuves. Jean et Maître Dubois reconsidérèrent toutes les pièces du dossier, en cherchant des éléments qui pourraient renforcer leur argumentation. Ils examinèrent minutieusement les témoignages, les documents et les décisions antérieures pour trouver des éléments en faveur de leur cause.
- La réévaluation des preuves nécessitait une attention méticuleuse aux détails. Jean et son équipe devaient être prêts à répondre aux arguments de M. Lemoine et à démontrer que la décision initiale avait été fondée sur une interprétation erronée des faits ou du droit.
- **10. La détermination de Jean**
- Malgré la défaite apparente et les défis importants, Jean demeura déterminé à poursuivre son combat. Sa volonté de faire appel et de continuer à se battre pour ses droits était un témoignage de sa résilience et de sa détermination. Jean comprenait que la bataille juridique était loin d'être terminée, mais il était prêt à affronter les obstacles et à défendre ses intérêts avec ferveur.
- La décision de faire appel représentait une nouvelle étape dans la quête de justice. Jean était conscient des défis à venir, mais il était également animé par l'espoir d'une issue favorable. Son engagement à poursuivre le processus judiciaire, malgré la défaite initiale, était un signe de sa détermination à ne pas abandonner.
- **11. Le soutien continu de la communauté**
- Le soutien continu de la communauté restait un facteur important dans la lutte de Jean. Les encouragements de ses

amis, de sa famille et des membres de la communauté étaient essentiels pour maintenir sa motivation. Jean appréciait les messages de solidarité et les gestes de soutien, qui lui rappelaient qu'il n'était pas seul dans cette épreuve.

- Les membres de la communauté s'engagèrent également dans des efforts de sensibilisation pour soutenir la cause de Jean. Des événements de soutien, des collectes de fonds et des campagnes de sensibilisation furent organisés pour attirer l'attention sur l'injustice qu'il subissait.

- **12. Les attentes pour l'appel**

- Alors que le processus d'appel avançait, les attentes étaient élevées. Jean et son avocat espéraient que la cour d'appel examinerait les arguments de manière équitable et tiendrait compte des erreurs potentielles de la décision initiale. La perspective d'une révision de la décision était un stimulant important pour Jean, lui offrant un nouvel espoir.

- La préparation de l'appel et les démarches nécessaires pour faire valoir ses arguments étaient des tâches exigeantes. Cependant, la détermination de Jean à obtenir justice et à faire rectifier les erreurs commises lors du procès initial était une source de motivation continue.

- **13. La préparation pour les audiences d'appel**

- La préparation pour les audiences d'appel était cruciale. Jean et Maître Dubois devaient s'assurer que leur argumentation était solide et bien présentée. Chaque détail devait être soigneusement élaboré pour convaincre la cour d'appel de la validité de leurs arguments.

- Maître Dubois se concentra sur la préparation des arguments et des preuves pour les audiences d'appel. Il travailla en étroite collaboration avec Jean pour s'assurer que tous les aspects du dossier étaient correctement présentés et que les erreurs de la décision initiale étaient mises en lumière.

- **14. La persistance face à l'adversité**

- La persistance face à l'adversité était une caractéristique essentielle du combat de Jean. Malgré la défaite apparente et les défis considérables, il resta déterminé à poursuivre ses efforts et à défendre ses droits. Jean savait que le chemin vers la justice était semé d'embûches, mais il était prêt à affronter chaque obstacle avec résilience et détermination.

- La lutte pour obtenir justice était un voyage complexe, et Jean comprenait que chaque étape était cruciale. Sa persistance était un témoignage de son engagement à ne pas abandonner et à chercher des solutions malgré les difficultés.
- **15. La conclusion**
- Le chapitre de la défaite apparente marqua une étape importante dans le combat juridique de Jean contre M. Lemoine. Bien que la décision initiale fût défavorable, la détermination de Jean à faire appel et à poursuivre son combat était une démonstration de sa résilience et de son engagement envers la justice.
- Le processus d'appel représentait un nouvel espoir pour Jean. Il savait que la route était encore longue, mais il était prêt à continuer à se battre pour ses droits. Le soutien de sa communauté et la préparation minutieuse de son appel étaient des éléments cruciaux pour traverser cette période difficile.
- Jean avançait avec la conviction que, malgré la défaite apparente, il pouvait encore obtenir justice. La bataille juridique était loin d'être terminée, mais chaque effort et chaque étape étaient une victoire en soi. La quête de justice de Jean se poursuivait avec une nouvelle détermination et un espoir renouvelé pour l'avenir.

Chapitre 21 : La Révélation

- Découverte de pratiques douteuses de M. Lemoine.

- Nouveaux éléments de preuve.

- Les mois passés avaient été marqués par une lutte acharnée et par des moments de désespoir. La décision défavorable du tribunal avait laissé Jean Dupont abattu, mais il était déterminé à faire appel. Cependant, la tournure de son affaire allait bientôt prendre une dimension inattendue. Ce chapitre explore comment la découverte de pratiques douteuses de M. Lemoine et de nouveaux éléments de preuve modifièrent le cours de l'affaire de Jean, offrant une lueur d'espoir dans sa quête de justice.
- **1. L'éveil à une nouvelle piste**
- Après la décision défavorable du tribunal, Jean Dupont et son avocat, Maître Dubois, avaient continué à examiner minutieusement les détails de leur dossier en préparation de l'appel. Ce travail de réexamen était essentiel pour renforcer leur argumentation et contester la décision initiale.
- Lors de ces révisions, Jean commença à se poser des questions sur la conduite de M. Lemoine, l'huissier en charge de son dossier. Le comportement rigide et implacable de Lemoine avait toujours semblé étrange, et Jean se mit à se demander s'il y avait eu des irrégularités ou des abus dans la manière dont l'huissier avait géré son dossier.
- Jean décida d'enquêter plus en profondeur sur M. Lemoine. Avec l'aide de Maître Dubois, il chercha des informations publiques, des plaintes antérieures et d'autres dossiers judiciaires concernant l'huissier. Ce fut alors qu'ils commencèrent à découvrir des indices troublants.
- **2. La découverte de pratiques douteuses**
- Les premières révélations sur M. Lemoine vinrent d'une série de documents publics accessibles en ligne. Jean trouva des informations sur plusieurs plaintes déposées contre l'huissier pour des pratiques douteuses. Certaines

accusations portaient sur des abus de pouvoir et des erreurs dans les procédures de saisie.

- Les détails étaient préoccupants. Des témoignages indiquaient que M. Lemoine avait été accusé d'utiliser des méthodes coercitives pour récupérer des créances, de ne pas respecter les délais légaux et d'avoir parfois saisi des biens qui ne devaient pas être saisis. Ces éléments soulevèrent des questions sur la manière dont Lemoine avait géré le dossier de Jean.
- Jean et Maître Dubois collectèrent ces informations et les analysèrent soigneusement. Ils trouvèrent également des preuves supplémentaires dans des rapports d'audit des pratiques des huissiers de justice qui avaient critiqué le comportement de Lemoine. Il devint clair que des abus avaient peut-être eu lieu dans le cadre de la gestion du dossier de Jean.
- **3. La collecte de nouveaux éléments de preuve**
- Avec ces nouvelles informations, Jean et son avocat se mirent à travailler sur la collecte de preuves concrètes pour soutenir leurs allégations contre M. Lemoine. Ils contactèrent d'anciens clients de Lemoine pour obtenir des témoignages sur leurs expériences. Certains témoignages corroborèrent les accusations précédentes, apportant un éclairage sur des pratiques douteuses et des abus.
- Parallèlement, Jean obtint des copies de documents internes et de communications entre Lemoine et les créanciers. Ces documents indiquaient des irrégularités dans les procédures suivies par l'huissier. Des erreurs dans la documentation, des violations potentielles des délais légaux et des preuves d'un traitement inéquitable des dossiers étaient maintenant disponibles.
- Maître Dubois se concentra sur l'élaboration d'une argumentation solide en utilisant ces nouveaux éléments de preuve. L'équipe d'avocats éplucha chaque document, recherchant des éléments spécifiques qui pouvaient démontrer les abus de M. Lemoine et soutenir la contestation de la décision initiale.
- **4. L'impact sur la stratégie d'appel**

- La découverte de ces pratiques douteuses changea radicalement la stratégie d'appel de Jean. Ce n'était plus seulement une question de contester la décision initiale sur des bases juridiques classiques, mais de soulever des questions importantes sur l'intégrité du processus de saisie mené par M. Lemoine.
- Maître Dubois rédigea un nouveau mémoire d'appel, intégrant les éléments de preuve sur les pratiques douteuses de M. Lemoine. L'avocat argumenta que ces pratiques avaient eu un impact direct sur la décision du tribunal et que la présence de ces abus justifiait une révision complète du dossier. Le mémoire inclut des témoignages de victimes antérieures, des documents internes, et des analyses juridiques pour soutenir la demande de révision.
- Jean était conscient que cette nouvelle stratégie pourrait renforcer sa position, mais il comprenait également que la route restait semée d'embûches. Les preuves de pratiques douteuses de M. Lemoine devaient être présentées de manière convaincante pour qu'elles aient un impact sur le jugement de la cour d'appel.
- **5. Le soutien de la communauté et des médias**
- La révélation des pratiques douteuses de M. Lemoine attira l'attention des médias. Les journalistes s'emparèrent de l'histoire, mettant en lumière les abus présumés de l'huissier et la manière dont ils avaient affecté les cas de nombreux citoyens. Les reportages apportèrent un soutien supplémentaire à Jean, attirant l'attention sur les injustices subies et renforçant la pression sur les autorités judiciaires.
- La communauté, déjà solidaire de Jean, intensifia son soutien. Des organisations de défense des droits des consommateurs et des groupes de soutien juridique exprimèrent leur préoccupation face aux abus présumés. Des événements de sensibilisation et des manifestations de soutien furent organisés pour attirer l'attention sur la situation et pour soutenir l'appel de Jean.
- Le soutien médiatique et communautaire ajouta une pression supplémentaire sur M. Lemoine et les autorités judiciaires. Les révélations sur ses pratiques douteuses

devenaient un sujet de débat public, ce qui augmentait l'espoir de Jean d'obtenir justice.

- **6. Les implications pour M. Lemoine**
- Pour M. Lemoine, les révélations sur ses pratiques douteuses avaient des implications graves. L'huissier se retrouva sous une surveillance accrue et fit face à des accusations publiques qui entachaient sa réputation professionnelle. Les autorités judiciaires commencèrent à enquêter sur les allégations, ce qui mena à une révision plus approfondie des pratiques des huissiers dans la région.
- M. Lemoine dut faire face à des critiques et à des interrogations sur son intégrité professionnelle. Cette pression publique et la mise en lumière de ses pratiques posèrent des questions sur la légitimité de ses actions dans le cas de Jean. Le sentiment de justice qui avait émergé dans la communauté et parmi les médias fut renforcé par la prise de conscience des abus présumés.
- **7. La préparation pour la nouvelle audience**
- Jean et Maître Dubois préparèrent méticuleusement la nouvelle audience d'appel. La présentation des nouveaux éléments de preuve et la démonstration des abus de M. Lemoine devenaient des points centraux de leur argumentation. Ils s'assurèrent que chaque détail était prêt et que chaque preuve était solidement documentée.
- Jean continua à travailler en étroite collaboration avec son avocat, revoyant les documents, les témoignages et les arguments pour s'assurer que tout était prêt pour la nouvelle audience. Les mois précédents avaient été marqués par des tensions et des incertitudes, mais les nouvelles révélations offraient un nouvel espoir.
- Maître Dubois se concentra sur l'élaboration d'une présentation convaincante qui démontrerait de manière claire et détaillée les pratiques douteuses de M. Lemoine. Ils préparèrent des arguments juridiques solides pour soutenir la demande de révision de la décision initiale et pour exposer les abus de manière convaincante.
- **8. L'espoir renouvelé**

- Les révélations sur les pratiques douteuses de M. Lemoine apportèrent un souffle nouveau dans la bataille de Jean. Le sentiment d'espoir, bien que fragile, était renforcé par la perspective d'une révision de la décision initiale. Jean savait que la route était encore longue et semée d'embûches, mais les nouveaux éléments de preuve et le soutien croissant offraient une lueur d'espoir dans sa quête de justice.
- La détermination de Jean à poursuivre son combat était renouvelée. Les révélations sur M. Lemoine apportèrent une nouvelle dimension à l'affaire, et Jean était prêt à faire tout ce qu'il fallait pour obtenir réparation. Les défis restaient importants, mais l'espoir d'une issue favorable renforça sa résilience et son engagement.
- **9. Les prochaines étapes**
- Avec les nouveaux éléments de preuve en main, Jean se concentra sur les prochaines étapes de la procédure d'appel. La préparation de la nouvelle audience était cruciale, et chaque détail devait être soigneusement élaboré pour maximiser les chances de succès. Jean et Maître Dubois poursuivirent leur travail avec une détermination renouvelée, convaincus que la vérité finirait par éclater.
- La communauté continua de soutenir Jean, et le soutien médiatique demeura fort. Les efforts pour attirer l'attention sur les pratiques douteuses de M. Lemoine et sur les injustices subies par Jean se poursuivirent, renforçant la pression sur les autorités judiciaires.
- Le chemin vers la justice était encore semé d'obstacles, mais les révélations sur les pratiques douteuses de M. Lemoine apportèrent un nouvel espoir. Jean était prêt à affronter les défis restants avec courage et détermination, en espérant que la vérité finirait par prévaloir et que la justice serait rendue.

Chapitre 22 : La Victoire Morale

- Jean remporte une victoire morale en révélant la vérité.

- Le soutien public grandit.

- Dans les mois qui suivirent les révélations sur les pratiques douteuses de M. Lemoine, l'affaire de Jean Dupont prit un tournant décisif. Ce chapitre explore la victoire morale que Jean parvint à obtenir en révélant la vérité sur les abus d'un huissier, tout en constatant un soutien public croissant qui donna un nouvel élan à sa quête de justice.

- **1. Les retombées des révélations**

- Les révélations sur les pratiques douteuses de M. Lemoine avaient eu un impact considérable. La couverture médiatique croissante avait attiré l'attention sur les abus présumés de l'huissier, mettant en lumière des pratiques contraires à l'éthique et portant atteinte à la dignité des personnes qu'il était censé servir. Les reportages détaillèrent les pratiques coercitives et les irrégularités qui avaient marqué la gestion des dossiers.

- Pour Jean Dupont, cette exposition médiatique fut une double épée : bien qu'elle ait mis en avant les injustices qu'il avait subies, elle accentua également la pression sur lui. Cependant, malgré les défis, cette visibilité offrit à Jean une opportunité unique de faire valoir son cas et de gagner du soutien.

- **2. La réaction du public**

- La réaction du public fut immédiate et puissante. Les reportages médiatiques sur les abus de M. Lemoine suscitèrent une vague d'indignation. Des citoyens, sensibilisés par l'histoire de Jean et par les révélations sur les pratiques d'un huissier de justice, commencèrent à exprimer leur soutien publiquement.

- Des lettres de soutien, des messages de solidarité et des témoignages de personnes ayant vécu des expériences similaires affluèrent. Les réseaux sociaux, en particulier, se transformèrent en une plateforme de solidarité et de sensibilisation. Les hashtags et les campagnes en ligne attirèrent l'attention sur les pratiques douteuses des huissiers et la manière dont elles affectaient des individus comme Jean.

- Les actions du public ne se limitèrent pas à des déclarations de soutien. Des collectifs de citoyens organisèrent des manifestations et des événements de solidarité pour attirer l'attention sur l'affaire de Jean et sur les abus des huissiers. Ces rassemblements permirent à Jean de se sentir soutenu et de constater que sa lutte résonnait avec de nombreuses personnes.
- **3. La victoire morale de Jean**
- La victoire morale de Jean se manifesta à plusieurs niveaux. D'abord, la révélation des abus de M. Lemoine avait permis de mettre en lumière des pratiques injustes qui avaient touché non seulement Jean, mais aussi d'autres personnes vulnérables. Le fait que la vérité sur ces abus ait été révélée offrit à Jean un sentiment de triomphe moral.
- Jean comprit que sa bataille ne se résumait pas uniquement à obtenir une victoire judiciaire ou à rectifier une erreur spécifique dans son dossier. Sa victoire morale résidait dans le fait d'avoir attiré l'attention sur un problème systémique et d'avoir initié un débat sur les pratiques des huissiers. Il avait, d'une certaine manière, contribué à provoquer des changements dans le système judiciaire et à faire évoluer les normes éthiques.
- **4. Les pressions croissantes sur M. Lemoine**
- L'exposition des pratiques douteuses de M. Lemoine augmenta la pression sur lui. Les autorités judiciaires, désormais conscientes des accusations publiques et des preuves présentées, durent ouvrir une enquête plus approfondie sur son comportement. M. Lemoine se retrouva sous le feu des projecteurs, et les accusations portées contre lui eurent un impact significatif sur sa réputation et son statut professionnel.
- Les critiques publiques et les enquêtes sur ses pratiques engendrèrent une atmosphère de méfiance envers lui et mirent en évidence la nécessité de réformes dans le système de saisie. Le soutien croissant en faveur de Jean et les

questions soulevées par ses révélations exerçaient une pression considérable sur M. Lemoine et sur les autorités judiciaires pour qu'ils agissent.

- **5. Les répercussions sur le système judiciaire**
- Les révélations sur les pratiques de M. Lemoine eurent également des répercussions sur le système judiciaire dans son ensemble. La visibilité accordée à l'affaire de Jean contribua à un examen plus approfondi des pratiques des huissiers et des mécanismes de régulation en place.
- Des appels à la réforme furent lancés pour améliorer la transparence et la responsabilité des huissiers de justice. Des discussions furent engagées sur les pratiques de saisie et sur la manière dont elles affectaient les individus en difficulté financière. Jean, en révélant les abus, contribua à une prise de conscience plus large sur les réformes nécessaires.
- **6. La réponse de la communauté**
- Le soutien de la communauté resta un pilier central dans la bataille de Jean. Les collectifs de soutien, les groupes de défense des droits des consommateurs et les organisations de justice sociale continuèrent à se mobiliser en faveur de Jean. Leur engagement fut crucial pour maintenir l'attention sur l'affaire et pour soutenir les efforts de Jean et de son avocat.
- Les événements de solidarité se multiplièrent, incluant des conférences, des forums publics et des collectes de fonds pour soutenir les actions légales de Jean. La communauté demeura un acteur essentiel dans la lutte pour la justice, et la mobilisation continua d'être un levier important dans la bataille.
- **7. Les démarches pour la réforme**
- Avec la montée en puissance du soutien public et la révélation des abus, Jean commença à participer activement aux discussions sur la réforme des pratiques des huissiers. Il accepta des invitations à témoigner lors de conférences et de forums, partageant son expérience pour éclairer les discussions sur les réformes nécessaires.

- Les démarches pour la réforme visèrent à améliorer les procédures de saisie et à garantir que les huissiers agissent de manière éthique et transparente. Jean, par son engagement, contribua à faire avancer ces discussions et à faire pression pour des changements positifs dans le système judiciaire.
- **8. Les défis personnels et les perspectives d'avenir**
- Bien que Jean eût remporté une victoire morale en exposant la vérité, il demeurait conscient que des défis persistaient. Le chemin vers la pleine réparation était encore long, et les répercussions de l'affaire continuaient d'affecter sa vie personnelle et professionnelle. Cependant, la reconnaissance publique et le soutien croissant apportèrent à Jean un sentiment de validation et d'espoir pour l'avenir.
- Jean avait appris à naviguer dans les défis de sa situation tout en demeurant un défenseur de la justice. Il continua de travailler avec son avocat pour avancer dans le processus d'appel et pour obtenir une réparation complète. Le chemin de la victoire morale était également le début d'un processus plus vaste de changement et de réforme, où Jean jouait un rôle actif.
- **9. La perspective d'une justice réparatrice**
- La victoire morale de Jean n'était que le début d'un processus plus complexe de justice réparatrice. Les efforts pour réformer les pratiques des huissiers et pour garantir une meilleure protection des droits des personnes en difficulté financière étaient essentiels pour éviter que des abus similaires ne se reproduisent.
- Jean, fort de son expérience et de son soutien, continua de militer pour des changements significatifs. Il participa activement aux discussions sur les réformes et sur la manière dont le système judiciaire pouvait être amélioré pour mieux servir les citoyens et protéger leurs droits.
- **10. La conclusion**
- La victoire morale de Jean Dupont fut marquée par la révélation des abus de M. Lemoine et par le soutien croissant de la communauté et des médias. En exposant la vérité, Jean parvint à attirer l'attention sur des pratiques

injustes et à initier un débat important sur les réformes
nécessaires. Bien que la route vers une réparation complète
fût encore semée d'obstacles, la victoire morale offrit à Jean
un nouvel espoir et une nouvelle direction dans sa quête de
justice.

- La bataille de Jean ne se limitait pas à un cas individuel,
  mais représentait une lutte pour des principes plus larges de
  justice et d'éthique. Le soutien public et les répercussions
  sur le système judiciaire démontrèrent que la vérité pouvait
  prévaloir et que les efforts pour obtenir justice pouvaient
  aboutir à des changements significatifs.

Chapitre 23 : La Reconnaissance

- Jean commence à être reconnu pour son courage.

- M. Lemoine est mis sous enquête.

- À la suite des révélations sur les pratiques douteuses de M. Lemoine, Jean Dupont commença à récolter les fruits de son courage. Ce chapitre explore la reconnaissance croissante dont il bénéficia pour sa détermination à exposer les abus, ainsi que les conséquences pour M. Lemoine, qui se retrouva sous enquête.
- **1. La reconnaissance publique de Jean**
- Les mois précédents avaient été marqués par une intense couverture médiatique de l'affaire de Jean. Les révélations sur les pratiques de M. Lemoine avaient suscité une vague d'indignation et de soutien. Cette attention accrue porta ses fruits sous la forme d'une reconnaissance croissante pour Jean, qui commença à être perçu comme un symbole de courage et de résilience.

- Jean reçut des lettres et des messages de soutien de la part de citoyens ordinaires ainsi que de personnalités publiques. Les témoignages de personnes qui avaient également été victimes d'abus par des huissiers ou par d'autres entités de pouvoir se multiplièrent. Ces témoignages valorisaient l'acte de bravoure de Jean et soulignaient son rôle dans la dénonciation des pratiques injustes.

- Des invitations à participer à des conférences, des forums et des émissions de télévision affluèrent. Jean fut invité à partager son histoire et à discuter des réformes nécessaires pour améliorer le système judiciaire. Sa voix devint une tribune pour aborder les questions de justice et de réformes, ce qui augmenta encore sa visibilité et sa reconnaissance.

- Jean commença également à recevoir des distinctions et des prix pour son courage et son engagement en faveur de la justice. Ces distinctions, remises par des organisations de défense des droits des consommateurs et des groupes de soutien à la justice sociale, furent un témoignage de l'impact de son action. Elles symbolisèrent non seulement une reconnaissance de son courage personnel mais aussi une validation de la cause qu'il avait défendue.

- **2. L'impact des révélations sur M. Lemoine**
- Les révélations sur les pratiques douteuses de M. Lemoine eurent des conséquences importantes pour l'huissier. La pression publique et médiatique croissante engendra une réponse officielle de la part des autorités judiciaires. Une enquête fut ouverte pour examiner les accusations portées contre M. Lemoine et pour évaluer les irrégularités alléguées dans sa gestion des dossiers.
- L'enquête visa à déterminer si M. Lemoine avait effectivement violé les normes éthiques et les procédures légales en vigueur. Les autorités examinèrent minutieusement les plaintes déposées contre lui, les témoignages des victimes et les documents internes liés à ses activités. L'issue de cette enquête pourrait entraîner des sanctions disciplinaires, voire des poursuites judiciaires, contre l'huissier.
- Les conséquences immédiates pour M. Lemoine furent significatives. Il se retrouva sous une surveillance accrue et fit face à des critiques de plus en plus sévères. Les médias continuèrent à couvrir l'affaire, mettant en lumière les abus présumés et les lacunes dans la régulation des huissiers. L'impact sur sa réputation professionnelle et personnelle fut considérable.
- **3. La réponse de M. Lemoine**
- Face à la montée de la pression, M. Lemoine chercha à se défendre. Il engagea des avocats pour contester les accusations et pour tenter de préserver sa réputation. Il nia les accusations portées contre lui et chercha à discréditer les preuves et les témoignages présentés. Ses avocats avancèrent des arguments pour minimiser l'impact des révélations et pour affirmer que les pratiques mises en cause étaient conformes à la législation en vigueur.
- M. Lemoine se retrouva dans une position délicate. Le soutien médiatique et public dont bénéficiait Jean augmenta la difficulté pour Lemoine de refuter les accusations. La visibilité accrue de l'affaire exerça une pression

supplémentaire sur l'huissier et sur le système judiciaire pour qu'une enquête approfondie soit menée.

- Les efforts de M. Lemoine pour se défendre se concentrèrent sur la tentative de démontrer que les accusations étaient infondées et que les pratiques en question étaient standard dans le métier. Cependant, la complexité des accusations et la pression croissante rendirent sa tâche difficile.

- **4. Le soutien continu à Jean**

- La reconnaissance croissante de Jean s'accompagna d'un soutien continu de la part de la communauté et des organisations de défense des droits. Les groupes de soutien continuèrent à organiser des événements et à promouvoir les réformes nécessaires pour éviter les abus similaires à ceux dénoncés par Jean.

- Des actions de solidarité, telles que des collectes de fonds pour soutenir les démarches légales et des campagnes de sensibilisation, furent mises en place. Le soutien de la communauté demeura un pilier important dans la lutte pour obtenir justice et pour promouvoir des réformes significatives dans le système judiciaire.

- Jean fut également soutenu par des personnalités publiques et des figures influentes qui utilisèrent leur plateforme pour parler de son courage et de l'importance des réformes. Ces soutiens contribuèrent à maintenir l'attention sur l'affaire et à renforcer la pression sur les autorités judiciaires pour qu'elles agissent.

- **5. Les démarches pour la réforme**

- L'impact des révélations sur les pratiques de M. Lemoine alimenta les discussions sur les réformes nécessaires dans le système judiciaire. Les discussions se concentrèrent sur la manière d'améliorer la régulation des huissiers, d'assurer une plus grande transparence et d'instaurer des mécanismes de contrôle plus stricts.

- Des propositions de réforme furent avancées pour renforcer les droits des personnes endettées et pour garantir que les procédures de saisie respectent les normes éthiques et légales. Les efforts pour promouvoir ces réformes se concentrèrent sur l'amélioration de la protection des citoyens et sur la prévention des abus similaires à ceux révélés par l'affaire de Jean.

- Jean participa activement à ces discussions, partageant son expérience et ses perspectives pour influencer les réformes proposées. Il continua à plaider en faveur de changements qui pourraient garantir une meilleure justice et une plus grande équité dans les procédures de saisie.

- **6. Les répercussions sur la carrière de Jean**

- La reconnaissance croissante de Jean eut des répercussions positives sur sa carrière et sa vie personnelle. Les invitations à des conférences et à des forums offrirent à Jean des opportunités pour partager son expérience et pour contribuer à des discussions importantes sur la justice et les réformes.

- Jean fut sollicité pour des postes de conseil et de leadership dans des organisations de défense des droits et dans des groupes de soutien juridique. Sa visibilité croissante lui permit d'influencer les débats sur les réformes et de jouer un rôle actif dans la promotion de la justice.

- Les distinctions reçues par Jean renforcèrent son statut de défenseur des droits et lui offrirent une reconnaissance bien méritée pour son courage. Ces distinctions furent également un symbole de validation de ses efforts pour exposer les abus et pour promouvoir des changements positifs.

- **7. Les défis persistants**

- Malgré la reconnaissance croissante et le soutien public, Jean continua de faire face à des défis importants. Les démarches pour obtenir réparation complète et pour surmonter les impacts des abus subis demeuraient complexes. Jean devait continuer à naviguer dans les procédures judiciaires et à faire face aux conséquences de l'affaire.

- Les défis personnels et professionnels demeuraient, et Jean devait jongler avec les exigences de sa nouvelle visibilité tout en continuant à défendre ses droits et à œuvrer pour des réformes. La pression de maintenir un équilibre entre ses engagements publics et sa vie personnelle était constante.

- **8. La perspective d'avenir**
- La victoire morale de Jean et la reconnaissance croissante offraient un nouvel espoir pour l'avenir. Les réformes proposées et les discussions en cours sur les pratiques des huissiers représentaient des opportunités pour apporter des changements significatifs et pour améliorer le système judiciaire.
- Jean, fort de son expérience et de son soutien croissant, était prêt à continuer à jouer un rôle actif dans la promotion des réformes et dans la défense des droits des personnes. La reconnaissance de son courage et les résultats de l'enquête sur M. Lemoine offraient des perspectives positives pour l'avenir et pour la réalisation de changements concrets.
- **9. La conclusion**
- La reconnaissance croissante de Jean Dupont pour son courage et les conséquences pour M. Lemoine marquèrent une étape importante dans l'affaire. Jean parvint à révéler la vérité et à exposer des pratiques douteuses, ce qui conduisit à une enquête sur l'huissier et à des discussions sur les réformes nécessaires.
- Le soutien public et la visibilité accrue apportèrent à Jean une validation bien méritée et lui offrirent des opportunités pour influencer les débats sur la justice. Bien que les défis demeurassent, la victoire morale de Jean représenta un tournant dans sa quête pour obtenir réparation et pour promouvoir des changements significatifs dans le système judiciaire. La reconnaissance de son courage et le soutien croissant ouvrirent la voie à un avenir où la justice pouvait être mieux servie et où les abus pouvaient être évités.

Chapitre 24 : La Justice Triomphe

- Le tribunal rend une décision finale en faveur de Jean.

- M. Lemoine est tenu responsable de ses actions.

- Après une longue et éprouvante bataille judiciaire, le moment tant attendu était enfin arrivé : la décision finale du tribunal. Ce chapitre explore la victoire ultime de Jean Dupont, lorsque le tribunal rendit une décision en sa faveur et que M. Lemoine fut tenu responsable de ses actions. Cette victoire ne marqua pas seulement la fin d'un combat personnel, mais aussi un tournant significatif dans la quête de justice et de réforme.

- **1. La longue attente**

- Les mois qui précédèrent le jugement final furent marqués par une intense attente et une pression constante. Jean Dupont, après avoir lutté contre les abus d'un huissier, avait dû naviguer à travers un système judiciaire complexe et souvent frustrant. Chaque audience, chaque dépôt de document, chaque échange avec son avocat constituait un pas supplémentaire vers l'issue de l'affaire.

- La préparation pour la décision finale fut une épreuve en soi. Jean, malgré son optimisme et sa détermination, ressentait une nervosité croissante. Les mois de témoignages, de preuves et de plaidoyers avaient mené à ce moment décisif où le tribunal allait rendre son verdict. La charge émotionnelle et psychologique de l'attente fut lourde, mais Jean et son équipe juridique restèrent concentrés et résolus.

- **2. Le verdict du tribunal**

- Lorsque le jour du jugement final arriva, la salle d'audience était remplie d'attentes palpables. Jean Dupont, accompagné de son avocat, attendit avec impatience la décision du tribunal. Les membres du tribunal, après avoir examiné les preuves et entendu les arguments des deux parties, se préparèrent à rendre leur décision.

- Le président du tribunal prononça le verdict avec une gravité qui soulignait l'importance du moment. « Après avoir considéré les preuves présentées et entendu les arguments des deux parties, le tribunal rend la décision suivante… » Les mots résonnèrent dans la salle, et Jean, les mains tremblantes, écouta attentivement.

- Le tribunal décida en faveur de Jean Dupont. Cette décision marqua la reconnaissance des abus subis et la validation de la lutte de Jean contre les pratiques douteuses de M. Lemoine. Le verdict stipulait que M. Lemoine avait agi de manière illégale et contraire à l'éthique dans la gestion des affaires de saisie, et qu'il devait assumer la responsabilité de ses actions.

- **3. Les conséquences pour M. Lemoine**

- La décision du tribunal eut des conséquences significatives pour M. Lemoine. Tenue responsable de ses actes, il fut condamné à des sanctions qui comprenaient des amendes substantielles, une interdiction temporaire d'exercer ses fonctions d'huissier, et la restitution des biens saisis de manière abusive.

- Les répercussions sur la carrière de M. Lemoine furent profondes. La décision du tribunal et la couverture médiatique de l'affaire eurent un impact négatif sur sa réputation professionnelle. Les clients et collègues prirent connaissance des abus et des irrégularités, et la confiance en lui diminua considérablement.

- Les sanctions infligées par le tribunal ne se limitèrent pas aux aspects financiers. M. Lemoine fut également soumis à une enquête approfondie sur ses pratiques et ses antécédents, ce qui entraîna des mesures disciplinaires supplémentaires et une révision de ses actions passées.

- **4. La réaction de Jean**

- Pour Jean Dupont, la décision du tribunal fut une victoire amère et réconfortante. Après des mois de lutte, de stress et de détermination, obtenir justice représentait un moment de soulagement et de satisfaction. La décision rendue par le tribunal valida son combat et reconnaissait les abus qu'il avait subis.

- Jean exprima sa gratitude envers son équipe juridique, ses amis, et tous ceux qui l'avaient soutenu durant cette épreuve. Il fit une déclaration publique pour remercier tous ceux qui avaient contribué à la révélation des abus et pour souligner l'importance de la justice et de la réforme.

- Cette victoire fut également un moment de réflexion pour Jean. Bien qu'il eût obtenu réparation, il demeurait conscient que la bataille pour une réforme plus large continuait. La reconnaissance du tribunal était une étape importante, mais elle représentait également le début d'un processus plus vaste de changement et de réformes dans le système judiciaire.

- **5. L'impact sur la communauté**

- La victoire de Jean eut un impact considérable sur la communauté et sur les discussions concernant les réformes nécessaires dans le système judiciaire. Le verdict du tribunal contribua à renforcer la pression en faveur de changements dans les pratiques des huissiers et dans les procédures de saisie.

- Les groupes de défense des droits et les organisations de soutien célébrèrent la décision comme une victoire pour la justice. Ils continuèrent à promouvoir les réformes et à plaider pour une meilleure protection des droits des personnes endettées. La décision du tribunal offrit une preuve tangible que les abus pouvaient être combattus et que la justice pouvait prévaloir.

- La couverture médiatique de la victoire de Jean encouragea également d'autres personnes à se battre contre les abus et les injustices qu'elles pouvaient rencontrer. Les histoires de soutien et de solidarité se multiplièrent, et l'affaire de Jean devint un symbole d'espoir pour ceux qui luttaient contre des pratiques injustes.

- **6. La perspective de réforme**

- La décision du tribunal et les révélations sur les abus de M. Lemoine ouvrirent la voie à des discussions plus larges sur la réforme du système judiciaire. Les réformes proposées incluaient des améliorations dans la régulation des huissiers, une plus grande transparence dans les procédures de saisie, et des protections accrues pour les personnes endettées.

- Jean Dupont, maintenant reconnu comme un défenseur des droits, continua à participer activement aux discussions sur les réformes. Il travailla avec des législateurs, des avocats, et des groupes de défense pour promouvoir les changements nécessaires et pour garantir que les abus similaires ne se reproduisent pas.
- Les efforts de réforme furent soutenus par la communauté et par les autorités judiciaires, qui commencèrent à examiner les pratiques en vigueur et à proposer des modifications pour améliorer le système. La victoire de Jean eut un impact durable sur les discussions et sur les actions visant à renforcer l'éthique et la transparence dans le système judiciaire.

7. La réhabilitation de Jean

- Avec la décision du tribunal en sa faveur, Jean Dupont commença également à réhabiliter son image et à reconstruire sa vie professionnelle et personnelle. Les distinctions et les reconnaissances reçues pour son courage contribuèrent à restaurer sa réputation et à ouvrir de nouvelles opportunités professionnelles.
- Jean reçut des offres pour des postes de conseil et de leadership dans des organisations de défense des droits et des groupes de soutien juridique. Sa visibilité accrue lui permit de partager son expérience et de contribuer activement aux discussions sur la justice et les réformes. La reconnaissance publique renforça sa position en tant que défenseur des droits et contribua à sa réhabilitation professionnelle.

8. Les défis futurs

- Bien que la victoire judiciaire ait marqué un tournant significatif, les défis futurs demeuraient. Jean devait continuer à naviguer dans les complexités du système judiciaire et à faire face aux conséquences de la bataille qu'il avait menée. La quête de justice et de réforme était un processus continu, et Jean demeurait déterminé à poursuivre ses efforts pour obtenir des changements positifs.

- Les défis personnels et professionnels persistèrent, mais la victoire au tribunal offrit à Jean un nouvel espoir et une nouvelle direction. Il continua à travailler avec son équipe juridique et à participer aux discussions sur les réformes pour garantir que les abus ne se reproduisent pas et que la justice soit mieux servie.
- **9. La conclusion**
- La décision finale du tribunal, en faveur de Jean Dupont, représenta une victoire majeure dans sa quête pour la justice. M. Lemoine fut tenu responsable de ses actions, et la reconnaissance croissante de Jean pour son courage contribua à renforcer la pression en faveur de réformes dans le système judiciaire.
- La victoire de Jean symbolisa non seulement la fin d'un combat personnel mais aussi un tournant dans la lutte pour une justice plus équitable et transparente. Les répercussions de cette victoire se firent sentir à la fois sur le plan personnel pour Jean et sur le plan systémique pour le système judiciaire. La décision du tribunal marqua un moment de triomphe pour la justice et offrit à Jean une nouvelle opportunité pour influencer positivement le monde autour de lui.

Chapitre 25 : L'Après-Harcèlement

- Jean reconstruit sa vie et son entreprise.

- Réflexions sur le parcours et les leçons apprises.

- Le harcèlement que Jean Dupont a subi avait laissé des cicatrices profondes, mais le temps et le courage lui avaient permis de commencer à reconstruire sa vie. Ce chapitre explore la période qui suit la décision finale du tribunal, où Jean se consacre à la reconstruction de sa vie et de son entreprise, tout en réfléchissant aux leçons apprises durant son long et éprouvant parcours.

- **1. Reprendre le contrôle**

- Après la victoire judiciaire, Jean Dupont se retrouva à un carrefour crucial de sa vie. Le chemin qui l'avait conduit jusqu'ici était pavé d'obstacles et de défis, mais le verdict du tribunal avait marqué une fin à son harcèlement et un nouveau début pour lui. Armé de sa détermination renouvelée, Jean entreprit le long processus de reconstruction, tant sur le plan personnel que professionnel.

- La première étape de cette reconstruction fut de retrouver un équilibre dans sa vie personnelle. Le stress intense et les difficultés financières avaient mis à l'épreuve ses relations familiales. Jean passa du temps de qualité avec sa famille pour restaurer les liens qui avaient souffert pendant la crise. Les moments passés ensemble furent l'occasion de réparer les blessures émotionnelles et de renforcer les relations familiales.

- Jean se concentra également sur son bien-être personnel. Il engagea un thérapeute pour l'aider à traiter les séquelles psychologiques du harcèlement. Les séances de thérapie furent un espace précieux pour explorer et comprendre les impacts émotionnels de ses expériences et pour développer des stratégies de gestion du stress et de résilience.

- **2. La reconstruction de l'entreprise**

- La reconstruction de son entreprise fut un autre défi majeur. L'impact du harcèlement et des saisies avait laissé des séquelles sur les finances de l'entreprise de Jean, qui avait dû faire face à une perte significative de confiance et de capital. Jean savait qu'il devait entreprendre un travail considérable pour restaurer la viabilité de son entreprise.

- Il commença par une analyse approfondie de la situation financière de l'entreprise. Cette analyse lui permit d'identifier les zones de faiblesse et de déterminer les mesures nécessaires pour redresser la situation. Jean élabora un plan de redressement détaillé, qui incluait des mesures pour réduire les coûts, améliorer la gestion des ressources, et stimuler les ventes.
- Jean réengagea également avec ses anciens clients et partenaires commerciaux. Il leur expliqua la situation de l'entreprise et les efforts qu'il déployait pour surmonter les difficultés. Cette transparence renforça la confiance et encouragea certains clients à revenir. Les efforts pour reconstruire les relations d'affaires furent soutenus par des initiatives de marketing et des campagnes de communication visant à rétablir la réputation de l'entreprise.
- **3. La mise en place de nouvelles pratiques**
- Pour éviter de futurs problèmes similaires, Jean mit en place des pratiques et des politiques internes renforcées. Il veilla à ce que l'entreprise dispose de procédures claires pour la gestion des créances et des relations avec les créanciers. Ces nouvelles pratiques visaient à assurer une meilleure transparence et à protéger l'entreprise contre les abus externes.
- Jean investit également dans la formation de son personnel sur les droits et les responsabilités liés aux créances et aux procédures judiciaires. En sensibilisant ses employés aux meilleures pratiques et en mettant en place des mécanismes de suivi, il chercha à éviter les erreurs qui avaient conduit aux problèmes antérieurs.
- **4. Réflexions sur le parcours**
- Le parcours de Jean Dupont avait été long et semé d'embûches, mais il en sortit enrichi d'un ensemble de leçons précieuses. La première leçon fut celle de la résilience. Jean avait appris que, même dans les moments

les plus sombres, la détermination et la persévérance pouvaient mener à des résultats positifs. La victoire judiciaire et la reconstruction de son entreprise étaient la preuve que la résilience pouvait transformer une crise en opportunité.

- Une autre leçon importante fut la nécessité de la transparence et de la communication. Jean comprit que l'ouverture et la sincérité dans ses relations professionnelles et personnelles étaient essentielles pour reconstruire la confiance et créer des relations durables. Cette leçon fut particulièrement précieuse dans ses interactions avec ses clients, ses partenaires commerciaux, et sa famille.

- Jean apprit également l'importance de demander de l'aide et de ne pas hésiter à s'entourer de personnes compétentes. Le soutien de son avocat, de ses amis et de sa famille fut crucial tout au long de son parcours. La reconnaissance de ce soutien et la gratitude envers ceux qui l'avaient aidé furent des éléments importants de sa guérison et de sa reconstruction.

- **5. Les nouvelles opportunités**

- Avec la reconstruction de son entreprise et la restauration de son équilibre personnel, Jean commença à explorer de nouvelles opportunités. Il se retrouva dans une position où il pouvait non seulement restaurer ce qu'il avait perdu, mais aussi saisir des occasions de croissance et d'expansion.

- Jean décida d'investir dans des projets qui l'avaient toujours intéressé mais qu'il avait dû mettre de côté en raison de ses problèmes financiers. Il envisagea de diversifier les activités de son entreprise et de développer de nouveaux produits et services. Cette diversification visait à renforcer la position de son entreprise sur le marché et à créer de nouvelles sources de revenus.

- **6. L'impact sur la communauté**

- Le parcours de Jean ne passa pas inaperçu dans la communauté. Sa lutte contre les abus et ses efforts pour reconstruire sa vie et son entreprise furent salués comme des exemples de courage et de résilience. Jean devint une figure publique reconnue pour son engagement en faveur de la justice et des réformes.

- Jean fut invité à participer à des conférences et à des événements sur la justice sociale et les droits des consommateurs. Son expérience devint un point focal pour les discussions sur les réformes nécessaires et pour la sensibilisation aux abus de pouvoir. Sa voix contribua à promouvoir des changements positifs dans le système judiciaire et à inspirer d'autres personnes confrontées à des situations similaires.

- **7. La perspective d'avenir**

- En regardant vers l'avenir, Jean Dupont avait acquis une perspective nouvelle sur sa vie et sa carrière. Les défis qu'il avait surmontés et les leçons qu'il avait apprises façonnèrent sa vision du futur. Il était déterminé à continuer à utiliser son expérience pour influencer positivement le monde autour de lui.

- Jean envisagea de poursuivre son engagement en faveur des réformes et de soutenir des initiatives visant à améliorer la justice et la transparence dans le système judiciaire. Il considérait également l'opportunité de mentorat pour d'autres personnes confrontées à des défis similaires, en partageant son expérience et en offrant des conseils pratiques.

- **8. La reconstruction personnelle**

- La reconstruction de la vie personnelle de Jean était tout aussi importante que la reconstruction de son entreprise. Le soutien de sa famille et de ses amis fut crucial pour retrouver un équilibre et pour avancer positivement. Jean s'engagea à maintenir des relations saines et à cultiver un environnement familial stable.

- Jean adopta des pratiques de gestion du stress et de bien-être qui l'aidèrent à maintenir un équilibre entre ses responsabilités professionnelles et personnelles. Il continua à participer à des activités qui lui apportaient de la joie et du sens, en veillant à ce que sa vie soit riche et épanouissante en dehors de ses engagements professionnels.

- **9. La conclusion**
- L'après-harcèlement fut une période de reconstruction et de réflexion pour Jean Dupont. La victoire judiciaire et la reconstruction de son entreprise marquèrent le début d'un nouveau chapitre dans sa vie. Les leçons apprises durant son parcours de lutte et de résilience enrichirent sa perspective et renforcèrent sa détermination à contribuer positivement à la société.
- Jean parvint à transformer ses épreuves en opportunités, à restaurer sa vie personnelle et professionnelle, et à utiliser son expérience pour promouvoir des changements significatifs. La reconnaissance de son courage et les nouvelles opportunités offertes par son parcours démontrèrent que, malgré les défis, la justice pouvait triompher et que la résilience pouvait mener à un avenir plus prometteur.
- Ainsi se conclut le voyage de Jean Dupont, marqué par des épreuves mais aussi par des victoires, des leçons, et des opportunités. Son histoire restera un exemple puissant de la force du caractère et de la capacité de surmonter l'adversité pour reconstruire une vie pleine de sens et d'accomplissements.